大数据环境下图书馆文献信息资源建设与利用研究

许 丽 著

北京工业大学出版社

图书在版编目（CIP）数据

大数据环境下图书馆文献信息资源建设与利用研究 / 许丽著 . — 北京：北京工业大学出版社，2022.4

　ISBN 978-7-5639-8324-7

　Ⅰ．①大… Ⅱ．①许… Ⅲ．①数据处理－应用－图书馆－文献资源建设－研究 Ⅳ．① G253-39

中国版本图书馆 CIP 数据核字（2022）第 071504 号

大数据环境下图书馆文献信息资源建设与利用研究
DASHUJU HUANJINGXIA TUSHUGUAN WENXIAN XINXI ZIYUAN JIANSHE YU LIYONG YANJIU

著　　者：	许　丽
责任编辑：	李俊焕
封面设计：	知更壹点
出版发行：	北京工业大学出版社
	（北京市朝阳区平乐园 100 号　邮编：100124）
	010-67391722（传真）　　bgdcbs@sina.com
经销单位：	全国各地新华书店
承印单位：	三河市腾飞印务有限公司
开　　本：	710 毫米 ×1000 毫米　1/16
印　　张：	11
字　　数：	220 千字
版　　次：	2023 年 4 月第 1 版
印　　次：	2023 年 4 月第 1 次印刷
标准书号：	ISBN 978-7-5639-8324-7
定　　价：	72.00 元

版权所有　　翻印必究

（如发现印装质量问题，请寄本社发行部调换 010-67391106）

作者简介

许丽，女，汉族，山东省聊城市人，1974年9月8日出生，大学本科，副研究馆员，九三学社成员、中国图书馆学会会员、山东省图书馆学会会员、聊城市第十届政协委员，文化信息资源共享工程聊城市支中心主任，兼聊城市海源阁图书馆信息技术部主任和采编部主任。

前　言

随着互联网、智能移动设备等技术的发展，数据呈现爆炸式增长。数据结构类型复杂多样，海量数据充斥着每个角落，种种迹象表明大数据时代已经到来。在大数据时代，人们对信息的需求量在不断增加，传统信息服务无法完全满足当前人们的需求。公共图书馆作为各类信息资源的汇集地，需要将大数据中的各类资源进行整合，为人们获取资讯、知识服务。公共图书馆文献信息资源的建设与利用即将面临重大的变革。本书就大数据环境下如何对公共图书馆的文献信息资源进行建设与利用进行了阐述，以期为之后的研究提供借鉴。

全书共八章。第一章为绪论，主要包括大数据时代的来临、大数据对图书馆的影响、公共图书馆的发展与特征以及公共图书馆的文献需求等内容；第二章为图书馆文献信息资源建设与利用现状，主要包括图书馆文献信息资源建设现状、图书馆文献信息资源利用现状以及图书馆文献信息资源建设影响因素等内容；第三章为大数据环境下图书馆文献资源的建设，主要包括文献资源建设概述、图书馆文献资源建设的必要性以及大数据环境下图书馆文献资源建设的策略等内容；第四章为大数据环境下图书馆信息资源的建设，主要包括图书馆信息资源建设的特点、图书馆信息资源的配置与管理以及大数据环境下图书馆信息资源建设的策略等内容；第五章为大数据环境下图书馆数字资源的建设，主要包括图书馆数字资源建设概述、图书馆数字资源共享体系的建立以及大数据环境下图书馆数字资源建设的策略等内容；第六章为大数据环境下图书馆文献信息的检索，主要包括文献信息检索概述、图书馆文献信息检索的功能、大数据环境下图书馆文献信息检索的技术等内容；第七章为大数据环境下图书馆文献信息资源的利用，主要包括图书馆文献信息资源的来源、图书馆文献信息资源的开发与利用以及大数据环境下图书馆文献信息资源利用的改进策略等内容；第八章为大数据环境下公共图书馆智慧服务体系的建设，主要包括图书馆智慧服务平台的服务优势、公共图书馆智慧服务的特征以及大数据环境下公共图书馆智慧服务体系的构建等内容。

为了确保研究内容的丰富性和多样性，笔者在写作过程中参考了大量理论与研究文献，在此向涉及的专家学者表示衷心的感谢。

限于笔者水平，本书难免存在一些不足，在此恳请同行专家和读者朋友批评指正！

目 录

第一章 绪 论 1
第一节 大数据时代的来临 1
第二节 大数据对图书馆的影响 11
第三节 公共图书馆的发展与特征 32
第四节 公共图书馆的文献需求 37

第二章 图书馆文献信息资源建设与利用现状 39
第一节 图书馆文献信息资源建设现状 39
第二节 图书馆文献信息资源利用现状 41
第三节 图书馆文献信息资源建设影响因素 44

第三章 大数据环境下图书馆文献资源的建设 47
第一节 文献资源建设概述 47
第二节 图书馆文献资源建设的必要性 51
第三节 大数据环境下图书馆文献资源建设的策略 54

第四章 大数据环境下图书馆信息资源的建设 66
第一节 图书馆信息资源建设的特点 66
第二节 图书馆信息资源的配置与管理 70
第三节 大数据环境下图书馆信息资源建设的策略 75

第五章 大数据环境下图书馆数字资源的建设 79
第一节 图书馆数字资源建设概述 79
第二节 图书馆数字资源共享体系的建立 84
第三节 大数据环境下图书馆数字资源建设的策略 91

· 1 ·

第六章　大数据环境下图书馆文献信息的检索 ………………………… 105
第一节　文献信息检索概述 …………………………………………… 105
第二节　图书馆文献信息检索的功能 ………………………………… 107
第三节　大数据环境下图书馆文献信息检索的技术 ………………… 109

第七章　大数据环境下图书馆文献信息资源的利用 …………………… 114
第一节　图书馆文献信息资源的来源 ………………………………… 114
第二节　图书馆文献信息资源的开发与利用 ………………………… 124
第三节　大数据环境下图书馆文献信息资源利用的改进策略 ……… 132

第八章　大数据环境下公共图书馆智慧服务体系的建设 ……………… 135
第一节　公共图书馆智慧服务平台的服务优势 ……………………… 135
第二节　公共图书馆智慧服务的特征 ………………………………… 137
第三节　大数据环境下公共图书馆智慧服务体系的构建 …………… 139

参考文献 …………………………………………………………………… 167

第一章 绪 论

随着计算机技术的发展和互联网技术的进步,大数据时代悄然来临,各行各业都将面临重大变革。在大数据时代,公共图书馆既面临发展机遇,也将迎来诸多挑战。公共图书馆必须抓住机遇,迎接挑战,努力实现服务理念和服务方式的变革与创新,不断提高自身的服务能力和服务水平,满足人民群众日益增长的公共文化服务需求,彰显公共图书馆的社会价值。本章围绕大数据时代的来临、大数据对图书馆的影响、公共图书馆的发展与特征、公共图书馆的文献需求四部分展开,主要包括大数据概述、大数据环境下图书馆的角色定位、公共图书馆的概念与功能、公共图书馆的文献需求等内容。

第一节 大数据时代的来临

一、大数据概述

(一)数据的含义

数据是描述事物的符号记录,是构成信息或知识的原始材料。对于数据,可以做如下理解:第一,数据具有素材性。数据是指没有经过加工的原始记录,只是一些素材。这些素材只有经过分析、挖掘之后,才能体现出其价值。换而言之,数据的价值取决于对其挖掘的广度与深度。数据犹如金矿,只有经过开采和加工才能变成金子。第二,数据具有集合性。数据表现为某种(尤其是在一定时空间隔条件下)连续量的集合,这个集合是对客观事物的动态过程时空间隔性(离散)的量化描述,如对每分钟心跳次数的监测、汽车百公里耗油的监测等都是数据集合。第三,数据具有多样性。数据由数字、字符与符号构成,其表现形式是多样化的。不同数据形式的处理过程和处理方式有很大区别。

根据数据的时空特征可将其分为时间序列数据、横截面数据和混合数据。时间序列数据是把某个变量依时间顺序排列起来的统计数据。它反映的是某个现象在一段时间内的一定时间间隔中的状态。通过研究分析时间序列数据，可以反映其随着时间的推移而呈现的发展变化趋势。横截面数据是指在同一时点所收集到的关于一个或多个变量的数据。它是在给定的时间内，对某一特定的变量在不同空间范围的观测结果。混合数据是对同一变量在不同时间与空间范围进行观测的结果。

根据是否经过处理来分类，可将数据分为原始数据和二级数据。未经组织整理过的数据是原始数据；经加工整理后的数据则是二级数据。

根据能否进入计算机处理系统进行处理来分类，可将数据分为模拟数据和数字数据。不能用计算机直接处理的为模拟数据；经过编码能够进入计算机系统进行处理的为数字数据。两者以计算机系统为中介，存在着相互转化的关系。从自然界、社会和人自身采集的模拟数据只有转化成数字数据才能被计算机系统存储、传输、处理。计算机处理的数据只有转换成模拟数据才能作用于外界。数据已经成为"人－机－物"构成的现代生产和生活系统所必不可少的要素。

与数据相关的概念还有信息、知识。应该说，三者都涉及对事物的描述，但侧重点有所不同。数据是对事物的量化记录。信息是经过整理的、有序化的、消除不确定性的数据。有数据不等于有信息。只有对数据进行认真的挖掘，做"去伪存真、去粗取精、由此及彼、由表及里"的分析挖掘，才能从数据当中得到事物的真实信息。例如，采集了大气的各种数据，不等于了解了天气状况，需要经过认真的数据分析才能做出天气状况的预判。又如，医生通过各种医疗设备了解了病人的各项生理指标后，还需要根据经验对病人的病情做出诊断。虽然数据相同，但是不同的医生可能会做出不同的诊断，甚至会出现误诊的情况。因此，从数据到信息还有很长的路要走。系统化的信息称为知识。知识强调的是系统性、整体性，数据可以是信息的载体、知识的基础，三者之间是紧密联系的。研究数据的目的就是获得更多的信息。通过数据分析可以得到确定性信息，而信息的系统化则构成了知识。数据重在量化描述，信息重在消除不确定性，知识重在系统化认识。如果把数据比喻成"金矿"，那么信息就是"金子"，而知识则是"金条"。从这个角度讲，数据、信息、知识三者在概念上又存在着递进的关系。

现代科学的一个显著特征就是量化。数据是量化研究的基础，不仅自然科学以数据作为基础，而且社会科学日益重视数据的作用，数据在生产生活中的作用也日益重要。2019年党中央明确提出"运用互联网、大数据、人工智能等技术手段进行行政管理的制度规则""推进数字政府建设""加强数据有序共享""优化经济治理基础数据库"等内容。把数据看成和劳动、资本、土地、知识、技术、管理一样重要的生产要素，这是中央对数据价值的肯定，也说明新时代数据对物质财富和精神财富创造的贡献也越来越大。随着大数据的发展，"世界"的内涵日益丰富，在物质世界和精神世界之间，形成并不断扩大的还有"数据世界"。三个世界相互作用，又在不断地打造"同一个世界"。

（二）大数据的含义

自2008年麦肯锡等论坛先后发表了关于大数据的专门报告，以及2012年美国政府倡导关注并研究大数据开始，大数据越来越受到全世界的关注，大数据时代悄然来临。弄清大数据的科学内涵，有助于人们更好地研究大数据给社会发展带来的影响。要准确把握大数据的科学内涵，就要先了解什么是大数据以及弄清同样是信息技术发展催生的产物新媒体与大数据在概念上有何不同。

大数据是从"Big Data"翻译过来的，由于大数据比较抽象，学者们从不同维度去定义大数据，因此，学术界对大数据的定义尚未达成一致。其中，作为全球知名咨询公司的麦肯锡公司将大数据定义为"数据规模超出了传统数据库软件工具抓取、存储、管理和分析能力的数据群"，并且最早提出大数据时代到来。奥地利数据科学家舍恩伯格则对大数据进行了如下阐释："大数据以前所未有的方式，通过对海量数据的挖掘分析，获得具有巨大价值的产品和服务，或深刻的洞见。"在国内，李国杰院士定义大数据为"用传统IT技术和软硬件根据无法在可容忍的时间内进行感知、获取、管理、处理和服务的数据集合"。《国务院关于印发促进大数据发展行动纲要的通知》中则定义"大数据是以容量大、类型多、存取速度快、应用价值高为主要特征的数据集合，正快速发展为对数量巨大、来源分散、格式多样的数据进行采集、存储和关联分析，从中发现新知识、创造新价值、提升新能力的新一代信息技术和服务业态"。

同样是信息技术发展催生的产物新媒体，它在概念上与大数据是有所区分的。新媒体是一个动态的概念，学术界尚未形成统一的认识，普遍认为"新媒体是在互联网技术、数字技术和信息技术的支撑下，以互联网和移动网络为基础的信息传播媒介"。相较于大数据，新媒体更侧重于作为一种媒介依托互联网进行信息的传播。而"大数据是一种资源，也是一种工具。它告知信息但不解释信息。它指导人们去理解，但有时也会引起误解，这取决于是否被正确使用"。

综上所述，大数据这个术语的真正含义并非其字面上的简单表述，而是其背后所蕴含的数据分析方法的创新与发展以及大数据思维的变化等。我们要抓住大数据背后的真正内涵，发挥其真正的价值。

（三）大数据多维度解析

不同学者对大数据的理解可谓"横看成岭侧成峰"，从不同的侧面，可以看到大数据不同的存在形式。下面从数据科学维度、技术支撑维度、价值维度以及时代维度来理解大数据。

1. 数据科学维度

大数据首先是数据集合，是数据发展的一种新形态，即通过数据的收集、挖掘、获取以及整理和分析等手段，研究和分析海量、复杂且多样的数据，并以此为基础探究其内部所蕴含的规律。大数据研究的是共性的数据问题，力图通过数据规律实现对科学问题的解答。所谓"大数据"也是相对于"小数据"而言的。为了阐明大数据，需要和小数据做区分，以便更好地把握大数据的内涵。"大数据"与"小数据"的差别不仅体现在数据量上，其本质区别在于小数据是样本数据，是通过抽样的方法得到的；大数据则不需要抽样，或者说是全样本数据，是"全数据"。"小数据"是结构化数据，在数据结构上有着严格的要求；大数据具有数据格式的开放性，数据形式多种多样，既包括文字格式的数据，也包括图片数据、视频数据等非文字格式的数据，既有结构化数据，也有半结构化数据和非结构化数据，大数据之所以能够成为大数据，一个重要的原因就在于其不局限于结构化数据，而是把半结构化数据和非结构化数据都容纳了进来。小数据多为人工采集的数据，取样难且带有一定的主观性；大数据多为系统自动收集的数据，取样多为各种终端自动进行，具有更好的客观性。小数据所使用的处理技术相对简单；大数据则与物联网、云计算、人工智能等技术紧密地联系在一起。小数据预测难、调控和实施难；大数据则为解决这些难题提供了思路和技术手段。

2. 技术支撑维度

从技术支撑维度看，大数据是由软硬件技术构成的技术生态系统以及由此形成的业态。大数据技术是通过对大数据的处理而认识世界和改造世界的有力工具，是对大数据进行采集、存储、传输、计算、显示等各种技术的总和。其中传感技术、云计算技术和分布式技术起着关键的作用。换句话说，大数据是信息化的产物，离不开一定的信息化物质技术条件，否则难以产生数据，即使产生了数据，也无法进行实时的处理。

为了更好地了解大数据在整个信息化过程中的地位，还需要从大数据与互联网、云计算、人工智能的角度把握大数据。互联网是数据、信息传递的介质，大数据需要通过互联网来传输。5G网络（第五代移动通信网络）、工业互联网的发展，为大数据的广泛应用创造了条件。云计算即把数据信息的处理交给了网络中的数据处理中心进行存储、通信和计算，这意味着数据的处理能力大大提高，算法优化、算力提高为大数据的处理奠定了存储、算力基础。人工智能与大数据似乎是一对天生的搭档。人工智能通过对大数据的处理，把数据变成信息，把信息变成知识，把知识变成决策。大数据和人工智能是密不可分的。人工智能、云计算、大数据、互联网的关系就是社会信息化中算法、算力、数据、运力之间的关系，它们构成了社会信息化的关键环节。因此，谈到大数据的时候，必然会牵涉到互联网、云计算、人工智能等技术和平台。

3. 价值维度

从价值维度看，大数据是资源，是生产要素。人们通过对大数据的挖掘，发现潜在规律，可以对事物本身进行描述和预测，因而对人们进行科学决策、引导物能流动具有关键性作用。大数据有静态的大数据，有每时每刻产生的动态大数据，而且在大数据使用的过程中也会产生新的数据。大数据在不断地叠加、增长。大数据之"大"，不仅是静态数据大、动态数据大，而且包括使用数据大。大数据呈现出"越用越多"的增长规律。因此，随着社会信息化的发展，大数据日益成为经济社会发展取之不尽用之不竭的"钻石矿"。

4. 时代维度

人类已经进入大数据时代。在这个时代，数据已经成为人们从事生产、生活不可或缺的基本要素。互联网、移动互联网、工业互联网传输数据，各种终端持续不断地获取数据，云计算以其巨大的算力实时处理数据，区块链更为安全地保存数据，人工智能更加智慧地利用数据。

大数据已经在包括教育行业、科学研究、社会运行、经济发展等各个领域得到应用，并不断地深入发展。大数据的应用可以节约时间和资源，提升工作效率，是重要的生产要素。数据服务通过不断创新，不断和各行各业相融合，已经成为关涉各行各业的一种服务业态。大数据之"大"，不仅在于规模之大，更在于用途广、价值之大。大数据的广泛应用创造了一个时代，即大数据时代。

(四) 大数据的特点

1. 超大数据量

大数据之所以被称为"大"数据,仅就其字面理解,我们不难得知和庞大数据规模相关。数据统计向来是人类生活中举足轻重的一项工作,从古至今,数据统计在推动国家治理方面是一项重要的表征。为了促进国家统治,提高国家治理水平,维护国家稳定,我国一直在推动数据的统计工作。数据是了解社会最便捷、最高效的手段,在生产力不发达的古代社会,由于用来记录信息的纸张非常稀有,对信息的记录是一种特权,只有达官贵族才有机会让人记录下自己的衣食起居等,普通老百姓是没有机会记录自己的生活的,而在现代社会,数据的结构化程度越来越高,从某种程度上来说,这是市场经济的必然结果,更进一步看,这也是由现代社会人类智能化的生产生活方式决定的。

就中国而言,2020年4月28日,中国互联网络信息中心发布第45次报告显示,截至2020年3月,互联网普及率达64.5%,手机网民规模为8.97亿,网民使用手机上网的比例达99.3%。移动互联网和移动设备的不断普及大大提高了数据的产生数量,当人们打开手机的那一刻,数据就随之产生,无论是人们浏览的文字、图片还是人们发布的信息、与人互动的情况,都会以数据的形式保存和处理。比如当下使用率非常高的微信App,2021年1月19日,微信事业群总裁张小龙在微信十周年的微信之夜上透露,有10.9亿用户每天都会打开并使用微信,进行视频通话、进入朋友圈查看朋友状态或发表自己的动态,每天产生6.7亿张照片和1亿条短视频。随着科技的不断发展,人类生存和生活的方式更加便捷,人类每时每刻都在使用数据,同时无时无刻不在生产数据,人类的一切日常行为都以数据的形式被记录下来。毋庸置疑的是,随着信息技术的深入发展和普及应用,数据总量将持续性以惊人的速度增长。

2. 数据种类多样

大数据之"大"还在于其数据种类"多",最简单的数据就是数字。进入大数据时代后,上文提到的微信朋友圈发送和接收的文字、图像、声音、视频都可以被识别成数据。传统的数据化结构主要为以数字和符号为主的结构化数据,随着技术的不断突破升级,网络文字、地理位置等半结构化或非结构化数据都可以被识别和记录。这在很大程度上可以说得益于智能社交媒体的发明和普及,比如现阶段人们使用频繁的微博、微信、QQ、抖音等一系列社交软件使得人们可以在互联网上生产数据,人们浏览、发送、互动的内容在各类软件中都会被记录,也都可以被分析。人与人之间实现了隔空互动的可能,难能可贵的是各类自发的行为或者同其他人的互动行为都可以以数据的形式存储下来，技术的发展使得这些行为数据的挖掘成为可能，为更加客观真实地了解人的行为和思想提供了契机，繁多的种类正在彻底改变人们在21世纪思考和使用信息的方式。随着这些社交媒体的流行，一大批新兴职业随之诞生，比如网络主播、带货主播、网红等，人类使用数据的能力取得了重大突破和进展，数据挖掘的应用也在持续不断地推陈出新。

3. 数据产生和处理速度快

在传统的事件评价或决策中，人们总是受制于信息收集和结果报告之间的滞后性问题。随着互联网用户的增加和5G技术的成熟，原始数据开始被自动化或半自动化处理，数据处理、数据分析甚至基于数据分析得出的实时可视化报告都可以凭借技术产生，人们不再需要耗费大量时间去搜集数据、筛选数据、分析数据，技术可以及时为人们的决策和评估提供直接、客观的依据。一方面，人们每天产生和传播的数据信息量越来越庞大，大数据以数据流的形式快速动态产生，数据呈指数级增长；另一方面，技术的深入发展也使得数据处理和分析的速度越来越快，处理的模式越来越多样，可以实现即时出现即时处理。

4. 价值巨大

数据的获取途径、存在方式及处理方式都决定了它蕴含巨大价值，尤其大数据的应用对各行各业都产生了深远影响，人们已经深切感受到其蕴含的巨大价值。就拿一座城市来说，随着时代的发展，无论你任何时候去到任何一座陌生的城市，你都可以在各大App中快速搜索到值得打卡的景点、值得品尝的美食、值得入住的酒店，你可以看到过往消费者的评价、推荐和提醒等各种信息，不再需要花大量的时间去了解这个陌生的地方，大数据已经为你准备了最客观的一手资料，你完全可以根据自己的需求快速做出任何决策，这不仅仅为你大大提高了筛选效率，同时也意味着商家要想赢得口碑必须为自己的产品和服务负责，只有这样，他们才能在大数据时代获得生存的机会，甚至可以根据数据分析快速调整供给的结构。大数据推动行业进步和社会革新，无论是商业、医疗、交通还是教育，都在分析大数据带来的信息，分享大数据背后的巨大价值。大数据虽然具有价值，但是要想发现并利用大数据的价值，就需要人类的关注和分析，只有通过人类的挖掘、整合、分析，才能尽可能挖掘庞大数据背后的潜在价值，才能使得大数据不断服务社会并推动社会发展。美国前总统奥巴马为了在大选中赢得胜利，他的团队采集、分析了各社交媒体产生的数据，基于数据分析做出评估和预测，并且通过监测来帮助奥巴马连任，大数据在这一过程中发挥了巨大的推动作用。

（五）大数据的影响

在整个市场环境中，大数据具有多种多样的类型，并且与传统信息的采集使用方式不同，大数据的采集使用是多元化的，这就需要新的数据挖掘处理技术。通过分析相关或不相关的数据，可以预测潜在的和更有价值的信息。大数据时代是一个管理深刻变革的时代，人们在享受信息流动带来的快感的同时，也对网络隐私权的侵害深有感触。大数据不仅为社会经济发展带来活力，而且产生了重大的影响。

1. 大数据的积极影响

大数据的存储问题曾是一个难题，人类经历着从 M 到 G 的变革，在解决技术难题后，大数据有了生根发芽的土壤，数据存储成为互联网迅速发展的基石。在数据应用的基础要求下，数据存储技术取得重大突破，众多企业看到了数据中蕴藏的商机，纷纷投入数据存储、数据传输等行业，并迅速形成了相关产业链。

随着大数据时代的到来，整个市场环境发生巨变，企业能够更加准确全面地掌握市场机遇、把握市场导向，并且形成自己对数据的分析结果，"信息就是金钱，数据引导机遇"。而在疯狂的市场推动下，大数据时代本身所需的技术不断发展，从当年的 2G 时代进入现今的 5G 时代，数据发展的速度被不断刷新，而人民的生活也因此发生了翻天覆地的变化。环绕在人们身边的是种种高科技产物，并且"互联网+""云智能"等名词成为市场的新导向、生活的新潮流。大数据给人们带来了种种便利，过去用信件传递信息，现在人们使用种种社交软件交友聊天通话；过去购物需要赶集，现在购物只需手机浏览下单快递上门。而大数据的信息采集汇总分析功能，也使得人们的习惯、喜好被记录在数据中，市场可以通过数据分析的方式满足人们的需求，减少试错的可能。

2. 大数据的消极影响

大数据时代的到来，虽然是一场崭新的机遇浪潮，给社会各行业的发展注入了活力，但由于数据具有开放共享与信息二次处理的特性，容易产生一定的消极影响。如果不能使整个社会置于正确使用数据的大方向下，将会扰乱社会秩序，使公民的安宁生活受到负面影响。

进入 21 世纪以来，大数据技术的迅猛发展也加剧了数据的差异性范围过大等问题。例如，地区间技术水平差异形成的不均衡发展态势。如果某个地区拥有先进技术、高级数据处理能力，这将助推地区经济、政治、文化等的发展，使得地区发展不断增速，整体水平不断提升；而在信息技术欠发达的地区，数据的滞后性导致技术落后、机遇减少，发展速度受到影响，导致地区间贫富差距不减反增，从而影响社会的稳定。

另外，将问题具化到隐私权领域，大数据的运转使得公民隐私信息在整个数据库中流转，适用于不同的规则和程序，将公民隐私信息与普通信息交互，也使得保护难度进一步加大。而近年来，公民隐私泄露事件频发，造成了极为严重的社会危害，这都是不可否认的事实。

人们应当正确看待大数据这把"双刃剑"，统筹兼顾地考虑大数据给社会、国家以及个人带来的双重影响，以此加快大数据整体发展建设的步伐，进一步加大公民隐私权的保障力度。

二、大数据时代

（一）大数据时代的特征

第一，大数据思维成为一种全新的思维模式。大数据构建出的是一个更加丰富绚丽、异彩纷呈、个性鲜明、充满活力的多元新世界，并有形无形地改变着人类的思维方式、生活方式，特别是摧毁旧的价值观，重塑新的价值观。大数据思维是大数据时代孕育出的新思维、新理念，集中体现在"多元""快捷"两个关键点。

第二，以大数据为核心的"数字化生存"成为常态。在人类迈向数据驱动型社会的进程中，数据信息展现了巨大威力，人们被数字信息操控，思维也被数据化。传统数理逻辑强调，一切包括人类的生活生存都可以用逻辑加以规定，且这种形式化在社会生活中的应用表现为严格的普遍性和必然性。数理逻辑导致今天的"数字化生存"认为所有的问题都可以运用数理逻辑的方法来解决，现实生活中异彩纷呈的事物都是数据关系的模糊表象，在实际生活中表现出高度的网络化和数字化，呈现出一种万物互联的发展趋势。

目前，大数据已进入深度应用阶段，范围越来越广泛，与人们的生活工作联系越来越紧密，表征着人的存在都被数字化。大数据与信息技术和实体经济的全面融合，突破了时空限制，打破了"孤岛"状态，促进了每个人的发展。大数据与人工智能结合，成为人类的好助手、好参谋、好伙伴。

大数据时代的关键词之一就是预测，通过对各种海量数据进行集合和挖掘，找到数据之间的相关性，从而对背后事物间的关系和未来的发展趋势进行预测。比如，从医药卫生管理部门通过大数据分析预测各种季节流感的传播趋势，到家长通过孩子平时的考试成绩数据统计预测孩子的中考、高考成绩；从选民投票研判选举结果到手机智能完成内容推荐。对目标数据的挖掘，可以全面改善人们的生活方式，改进生产关系和提高生产效率，数化万物，志在融合，最终促进人的全面发展。

第三，推动价值观和伦理关系的调整和改变。大数据这种新技术本身就对伦理关系提出了新的挑战。在不断变化的大数据刺激之下，诸多传统观念被突破，传统主流文化被解构。从这个意义上讲，大数据推动创新，将文化、技术以及学术领域出现的问题均进行不同程度但又极其广泛的关联，这种"综合大数据现象"成为现代社会中的独特风景。

在大数据时代，数据结构发生了变化，由原来静态的结构向非结构的情绪、喜爱等因素过渡，人们的一切行为和思想都被转化为数据足迹，并被永久地记录在云端中。人们的日常生活面临着一种全时空全景式无缝监视的状态，个人隐私空间在不断缩小。"私人空间"和"公共领域"之间的界限变得不那么公私分明且不断趋于融合。在这种情景下，人们的价值观和伦理关系随之发生变化，伦理关系和道德规范在这样的时代会被重新建构，具有普遍性、客观性和必然性的伦理原则会被继承，而具有相对性的伦理文化和道德现象会被改造和调整甚至革新。这就需要对人们的行为进行规范和约束，需要呼唤伦理道德，强调自律，更需要对使用数据的人提出更高的伦理责任要求。

（二）大数据时代来临

随着网络技术的发展，计算机已经全面介入人类生产生活的各个领域，引发了人类生产、生活及各种社会关系的巨大变革。从最原始的口口相传，在岩壁上绘画、草绳上打结做记录，到文字发明后手工书写，印刷术发明之后批量化打印，数据的传播、存储模式经历了翻天覆地的变化。

全世界的数据总量在计算机科学发展的带动之下迅速增长。数据从收集、储存到分析、处理各个层面的方法和技术都趋于成熟，尤其得益于近年来大数据、云计算技术的不断完善，数据表现出了指数式增长的态势，对数据的利用挖掘也更加深入彻底。

从存储技术上来说，存储介质的存储能力大大提高，存储成本极大降低。与计算机的存储能力同步提高的还有计算机的运算能力。计算机运算速度的提高和网络技术的普及，云计算及各种分析技术的进步，使得计算机的运算能力更强大。越来越多的数据转换成计算机可识别的电子格式后，以电子数据的形式存储在计算机中，这些数据再由计算机加工、传输、处理来满足各种需求，大数据时代全面到来。

第二节 大数据对图书馆的影响

一、大数据环境下图书馆的角色定位

在大数据的发展背景下，明确图书馆的角色定位可以有效提升馆内服务人员和相关工作人员的职责认知，从而推动公共图书馆的社会功能服务体系进一步完善发展，更有利于拓展图书馆的服务空间和辐射范围，不断提升公共图书馆的服务水平和服务质量。

（一）根据大数据受众范围定位大数据教育者和营销者的角色

大数据教育者的角色可以帮助用户充分理解大数据的根本含义以及学会大数据的基本使用方法，而大数据营销者的角色可以帮助用户熟悉大数据的使用，并推广使用大数据的范围和方法。在这两种角色定位的帮助下，公共图书馆开展大数据服务，可以帮助更多用户理解大数据的服务范围和根本含义，以及学会使用大数据实现研究目标的正确有效的方法，推动大数据的受众范围逐渐扩大。公共图书馆在大数据环境中的教育者和营销者的角色定位顺应了时代的发展趋势，也符合公共图书馆作为终身教育者的本质发展要求。

因此，在大数据的发展背景下，公共图书馆的发展角色可以定位为大数据的教育者和营销者，在大数据公共图书馆的发展过程中推动大数据的教学发展。而公共图书馆在宣传大数据的过程中需要及时把握机会，充分挖掘大数据营销者角色的发展潜力，以促进公共图书馆的服务方式不断创新发展。

（二）从用户角度定位大数据服务者的角色

对于公共图书馆的发展定位，需要针对用户进行细致的分析和挖掘。对公共图书馆来说，其用户是社会个体、群体和单位组织等。因此，在大数据的发展过程中，可以在公共图书馆的发展基础上根据不同用户的不同需求开展大数据创新服务。

大数据服务类型可以分为三种：倡导服务、顾问服务和分析服务。其中，大数据倡导服务和顾问服务主要针对个人和群体，倡导用户使用潜在的数据资源库，开放获取数据的使用，为专业人员提供数据管理和顾问服务；而大数据分析服务主要面向单位组织开展相关服务工作，辅助合作单位组织推动分析大

数据的工作进展，通过多种服务类型的协作配合，共同发挥公共图书馆大数据服务者的角色作用。

（三）根据图书馆的发展原则定位大数据组织者和存储者的角色

公共图书馆作为重点公共文化服务单位，需要积极地投入探索发展的实践中。图书馆的发展原则和发展规模决定着大数据的角色定位，普通或偏小型的公共图书馆无法广泛利用大数据的组织和存储功能，对大数据的清理和维护以及存储功能的需求度较低。

因此，公共图书馆要想有效发挥大数据的组织者和存储者的角色作用，就需要具备一定的发展规模，才可以担任面向大数据系统的大数据组织者和存储者的角色。一方面，可以在全国范围内建立大数据信息中心，根据公共图书馆的发展原则，将具备一定发展规模的公共图书馆作为大数据的存储场所，最终建设形成辐射周边地区公共图书馆的大数据组织和存储体系；另一方面，大数据组织和存储体系的有效落实和建设可以在一定程度上从图书馆的基础服务层面提升公共图书馆的服务质量和服务水平，完善公共图书馆的服务体系。

（四）从未来发展趋势定位大数据开发者的角色

公共图书馆需要扮演好大数据开发者的角色，从大数据的分析中发现有用的信息知识，开发基于大数据的服务，并将其转化为一种常态化的服务体系。例如，通过与相关的疾控中心开展合作，通过大数据分析来推广疾病预防的信息知识。而且作为大数据的开发者，公共图书馆不仅可以关注图书馆内部大数据的信息发展和信息分析工作，而且可以考虑图书馆之外的单位组织在发展过程中的数据资源，有效整合内部和外部的信息数据资源，利用数据推动公共图书馆的服务创新工作。

同时，从未来发展趋势定位大数据开发者的角色还需要充足的资金支持，以及专业化的人才队伍建设和专业设备设施投入。其中，想要建设专业性人才队伍和提高相关服务人才的专业水平，就需要图书馆组织开展员工专题培训活动，进行专业化的学习培养；还需要图书馆针对自身内部进行调整，合理调配各部门的机构设置，并将合理的空间场地规划调配给适合的部门进行使用和管理；还需要考虑开发周期等相关问题，避免这些问题成为公共图书馆履行大数据开发者角色义务的障碍。

第一章 绪 论

二、大数据环境下图书管理员的角色定位及素养提升策略

(一) 大数据环境下图书管理员的角色定位

1. 数据管理者

在大数据背景下，信息的总量在不断增加，图书管理员需要迎合当前时代发展方向实现角色的有效转变和创新，从而提升图书管理的效果和水平。在以往的图书管理模式中，图书管理员主要以被动的方式等待读者上门，依赖图书文献来开展这项工作，但是在大数据背景下，读者获取信息的途径逐渐朝着多样化的方向发展，如果仍然采用传统的图书管理模式，将很难吸引读者进入图书馆进行阅读。

因此，图书管理员的管理理念需要适应时代发展的变化，增强主动服务的意识，根据信息意识提升信息服务的效果水平，并且在实际工作中需要不断创新自身的服务模式，为读者提供个性化的服务和高质量的书籍。比如，图书管理员可以为每个读者个体建立独立浏览空间，从中查询读者的阅览记录和浏览记录等，之后在后台中进行不断整合以及分析，根据不同读者在读书方面的习惯和兴趣爱好，推送更加个性化的服务信息，不断提高读者的满意度和阅读积极性。

2. 参考咨询专家

在大数据背景下，图书管理员需要做好参考咨询工作。图书馆咨询服务要随着大数据时代的变化而不断创新和调整，不仅要采用手工检索的方式来解决读者的咨询问题，还要转变咨询的工作模式和流程，将单一性的咨询内容转变为多样化的咨询内容，紧跟时代发展的步伐，进行资源的整合以及分析。在实际工作中，图书管理员需要将咨询和参考工作朝着更高层次不断扩展和延伸，还要提升自身知识储备，更新自身的管理思想以及工作理念，引导读者通过读书阅读机和查询机器实现自助信息查询，充分发挥智能化设备的优势。另外，图书管理员还需要掌握一定的信息技术操作能力，对于一些特殊读者，需要将读者的咨询信息进行整合以及分类，从而为读者提供更加细致的服务。

(二) 大数据环境下图书管理员素养提升的策略

1. 加强对新知识的学习

在大数据背景下，图书管理员需要整合时代发展的新背景和新方向，明确自身的角色定位，并且要提升自身的职业素养，从而灵活应对在实际图书管理

工作中遇到的问题以及困扰。在大数据时代，知识和技术的更新周期变短，图书管理员也要转变自身的服务理念，更加贴合实际工作需求，并且贯彻落实活到老学到老的精神，不断扩宽自身的知识视野，构建完整的知识结构，从而提升自身职业服务能力。

在实际工作中，图书管理员需要加强对资源搜集及筛选工作的重视程度，掌握计算机信息检索技术，对海量数据进行有效的储存以及加工，之后再做好信息的整理工作，充分满足各个读者的需要，从而提升工作效果和工作水平。

2. 保持工作热情

图书管理员在日常工作中要通过保持工作热情来提升自身的职业素质，根据服务意识的转变以及创新，高效率地完成自身的本职工作。在实际工作中，图书管理员需要不断丰富自身内涵，进一步提升自身工作能力，给读者带来不一样的感受，尤其要提升自身的整体文化素养，保持积极向上的心态，从而为不同的读者群体提供多样性的图书服务。在实际工作中，图书管理员还需要具备一定的责任心，积极利用图书馆现有的资源来丰富和提升自己，从而提高图书管理工作效率。

三、大数据在图书馆管理中的应用

（一）大数据对图书馆管理的主要影响

目前，我国大部分图书馆都利用大数据技术进行图书馆的日常运行和管理，并且取得了较好的效果，对图书馆的管理、服务和发展起到了很好的促进作用。

1. 扩大了图书馆管理系统的容量

图书馆需要存储丰富的图书资源，其图书资源的信息量是巨大的，因此在图书管理、人员管理、图书借阅等方面，图书馆都要投入大量的人力资源。大数据的应用为图书馆的管理提供了很多便利条件，大数据技术可以在图书管理中的入库、整理、分类、存储、借阅等方面起到很好的作用，并且大数据技术具有巨大的存储空间，能够扩大图书馆管理系统的容量，将图书馆管理中大量的数据记录并存储下来。

除此之外，大数据技术的存储方式也多种多样，除文字、文本的存储方式外，还包括图片、视频、音频等存储方式。

2. 提高了图书馆管理速率

在传统的图书馆管理模式下，不论是图书的入库、分类、排序、整理，还是图书的借阅、归还等工作，都需要图书馆管理工作人员来完成，图书馆管理的综合速率偏低。然而大数据技术能够弥补人工管理方面存在的不足，大数据技术强大的信息处理能力能够在短暂的时间内从海量的数据中获取到人们需要的信息，从而帮助工作人员简化部分工作流程，使部分工作内容合并；对图书馆管理中多项复杂的信息进行统一的整理和收集，有效提高图书馆管理速率，帮助工作人员高效地完成图书馆管理工作。

（二）大数据在图书馆管理中的有效应用策略

图书馆是为社会提供阅读服务的公共场所，具有社会教育职能，需要为群众提供优质的服务，满足群众对知识的需求。图书馆管理工作的效率和质量决定其为社会提供服务的效率和质量，因此图书馆要提高自身的管理效率，从而为社会提供高质量的服务，履行图书馆的社会教育职能，提高人民群众的知识素养和综合素质，为我国的社会主义建设打下坚实的基础。对于大数据技术在图书馆管理中的应用，图书馆应该给予高度的重视，通过多种方式加强大数据技术的应用效果，最大化发挥大数据技术的优势。

1. 深入挖掘大数据技术，提供更加个性化的服务

从我国图书馆对大数据技术的应用实践情况来看，我国图书馆管理系统的存储容量在不断增加。但是与图书馆管理系统存储容量增加不匹配的是，读者在图书馆管理系统中获取自身所需要信息的难度也在不断提高。读者面临海量的数据和信息时，无法快速准确地找到自身需要的图书信息，导致其在搜索上花费的时间过长，给读者带来了不好的体验。

因此，图书馆要深入挖掘大数据技术的优势，通过大数据技术为读者提供更加个性化的服务。大数据技术能够记录每一位读者的检索数据、阅读数据和借阅数据，从而能够明确读者阅读的喜好和偏好。在对读者行为数据进行分析的过程中，图书馆要完善管理系统中的检索技术，使读者在少量的关键词搜索之后能够快速且准确地找到自身所需要的信息。

大数据技术远远没有当前图书馆所开发的那么简单，其中有许多需要图书馆深入挖掘的部分。目前图书馆对大数据技术的使用还不够充分，大数据技术的许多优势还没有被开发出来，所以图书馆要通过大数据技术明确读者的行为逻辑、阅读习惯等，从而为读者提供更加个性化的服务，使读者在图书馆中能够满足基本的阅读需求，收获良好的阅读体验。个性化是未来读者需求的主要发展方向，而通过大数据技术对读者信息、数据、行为进行记录和分析，能够帮助图书馆更好地掌握读者的个性化需求，从而开展更加有针对性的服务，有

效提高图书馆的管理效率和服务质量。

2.优化管理环节，实现图书馆整体管理

图书管理的基本工作主要包括图书收集入库、图书分类、图书整理、图书编码、图书存储和图书借阅等，每一项管理工作都涉及大量的信息和数据。在计算机技术和网络技术的支持下，图书馆管理工作通过与大数据技术结合，能够实现对多种信息的自动检索，再通过无线射频识别技术（RFID）与大数据计算的结合，能够实现图书自动借阅和归还，从而减少图书馆的人力资源消耗和物力资源投入，还会提高图书馆各项管理工作的准确性，减少因人为因素而出现纰漏的情况。大数据技术在图书馆管理中的应用，能够优化各个管理环节，将图书馆管理工作整合为一个完整的系统，保证在这个系统中各个环节的管理工作能够有序开展，将复杂多样的图书馆管理工作以数据的形式表现出来。

在图书的整理、归类和存储等工作环节中，大数据技术能够将图书的信息进行分类，将收集到的图书资料和信息都存储在系统的服务器之中，当读者有需要的时候，其可以在大数据的存储系统中进行快速的检索，实现存储、检索与借阅一体化，为读者提供更加便利的服务。

3.通过大数据技术加强与读者的联系

大数据技术不仅能够促进图书馆管理工作的开展，还能够为读者提供更多的便利条件。在互联网时代，传统的图书馆管理模式已经不能满足读者的需求，读者更多地需要在网络上获取图书馆的服务。通过大数据技术，图书馆可以对读者的信息进行记录和分析，从而能够将读者分为不同的群体，更加准确地把握读者的阅读需求，并且能够收集到读者的意见，了解读者对当前服务的满意程度，从而根据读者的意见进行相应的调整，为读者提供更加优质的服务。

图书馆要大力建设数字图书馆，通过大数据技术将图书馆与网络结合，使读者可以通过移动网络在移动设备上获取到自身所需要的图书信息，以及进行图书借阅和归还等；图书馆还可以创建相应的社交平台账号，如微信、微博等，为读者提供更加个性化的服务，在掌握不同读者需求的基础上，为读者推送有针对性的图书信息，让读者可以了解图书馆藏书的更新情况，体现出大数据点对点的精确服务。这样不但可以降低工作人员的工作量，还能够加强与读者之间的联系，为读者提供更加现代化、高质量的阅读服务。

四、大数据在图书馆服务中的应用

(一) 大数据视角下图书馆服务发展走向

1. 服务智能化发展

在信息处理技术迅速发展的背景之下,多角度的大数据分析有助于图书馆完善服务体系,根据分析结果推荐读者所需信息资源,可以方便读者在短时间内找到所需信息。与此同时,创设智能化的服务环境,使读者沉浸在良好的环境当中,从而丰富读者的积极阅读体验。在大数据背景下,语义分析技术可以确保分析的准确性、科学性,在计算机理解的基础之上检索出读者所需的内容,缩短了搜索时间,提高了阅读效率。例如,读者想要搜索企业发展模式,可以直接从多个平台中进行检索,之后慢慢甄别信息,这样会浪费大量时间,而运用语义分析技术,可以对读者的意图进行分析,从而过滤掉无用的信息,使读者真正了解企业的未来发展情况。

2. 做好读者信息的处理工作

在营销界中有着"啤酒与尿布"这一经典营销案例,两者看似并无关联,但是通过数据分析,可以找到两种商品之间的关联性,并对商品的摆放位置进行调整,从而提高销售业绩,这一成功案例可以为图书馆的服务发展提供相应的经验。在日常生活当中,许多物品存在一定的关联性,将存在关联性的物品整合起来,可以形成巨大的效益,从而提高资源的利用率,这是现阶段图书馆转型过程中需要思考的问题。在图书馆发展的过程中,收集读者的行为日志数据并进行分析,可以了解到各类读者的借阅行为,并且通过读者的检索记录分析读者的喜好,可以明确读者的阅读方向。通过这样的方式可以了解到读者的行为轨迹,根据读者的习惯、兴趣等推送相关的资源信息,进而满足读者的阅读需求。公共图书馆应结合大数据的先进技术,构建资源需求分析模型,在借助模型优势的基础之上,提高图书馆的竞争力。

3. 明确图书馆的服务方向

在大数据的引领之下,图书馆的传统业务逐渐发生变化,实现了数据共享、数据分析等目标,在图书馆发展的过程中,数据服务以及存储模式也逐渐扩展,这为图书馆指明了新的发展方向。对图书馆而言,信息资源种类较多,其中包括非结构化信息、结构化信息,这些信息的类型、格式等存在明显差异,一定程度上实现了图书馆数据资源的多样化发展。现阶段图书馆逐渐向数字化的方向发展,在这个过程中,大数据为图书馆的发展提供了有力支持,大数据可以在充分分析相关内容的基础之上，预测读者的喜好，找准读者的心理，从而根据读者的需求制定科学化的服务模式，这将是图书馆的发展目标。

此外，图书馆可以充分发挥网络社交平台的积极作用，搜索平台上的相关数据信息，如微博、淘宝浏览信息等，通过分析这些信息，挖掘读者的实际需求、潜在需求等，从而使图书馆服务逐渐向现代化、智能化、深入化的方向发展。

（二）大数据对图书馆借阅服务的影响

1. 大数据对图书馆借阅服务模式的影响

（1）对图书馆服务理念的影响

在大数据技术快速发展、广泛普及应用的背景下，图书馆必须最大限度地运用该技术对服务理念进行调整优化，从原先的实体店借阅、查找信息模式调整成与大数据贯穿融合，借助大数据技术有效提升图书馆工作效率，提升读者的借阅便利性。

（2）对图书馆服务方式及内容的影响

随着大数据技术的不断发展，图书馆必须将大数据技术大力地运用于借阅服务模式的建立中，将大数据与实体图书馆进行有效融合，丰富、延伸自身的服务范围，提高服务水平及效率，依靠网络平台为读者提供多种多样的图书服务。

2. 大数据环境下图书馆借阅服务的创新之法

（1）将借阅模式在传统的基础上进行革新

目前，部分图书管理人员仅单纯地沿用传统管理形式，对现代管理知识与方法并没有进行充分、深入的掌握，以至于难以提供更加高效的、完善的图书管理服务。因此，图书馆必须加快培养出一批专业程度高、素质水平高的管理人才，从而更加高效地把大数据的优势发挥出来，使书籍的借阅管理流程变得越来越简便。

（2）有效利用网络信息化发展实现资源共享

在大数据飞快发展的背景下，图书馆必须重视创新服务和互联网技术的充分融合，将图书馆的图书资源视为社会资源的重要组成部分，在互联网上加强与外部图书馆的联系，对文献资源等进行实时的贮存与分享。

另外，图书馆还需要充分借助互联网平台，积极举行有意义的阅读活动，定期对互联网信息的贮存类目与数量进行更新处理；针对社会各大群体，积极地提供借阅、学习与沟通等服务，使文献资源得到充分利用。

第一章 绪 论

（3）立足读者需求提供个性化服务

图书馆要学会充分借助大数据技术发掘读者群体的潜在需求，达到对多样资料的关联性组织、多元化搜索与可视化使用，从而满足读者群体的潜在需求。图书馆需要主动地运用大数据技术手段，用以更准确、更有效地剖析读者的书目搜索历史、查看历史等重要数据，并且根据读者个体的身份资料等，有目的地为他们提供个性化的借阅服务。

（4）挖掘数据提供精准的推送服务

在大数据背景下，图书馆咨询工作人员必须具备数据挖掘能力，能够通过对巨量信息的剖析准确地了解读者的需要，掌握读者所需图书隶属的学科等。不仅如此，图书馆咨询工作人员还需要实时追踪读者的爱好改变，为读者掌握其探讨课题的发展态势提供有力帮助，基于各种相关数据，建立读者的资源与服务需求体系，加快收集汇总结构化资源信息。此外，咨询工作人员可以及时地追踪读者在科学研究方面的资料需要，实时给他们提供最新的且与需求相符的信息服务。

（三）大数据对图书馆信息服务的影响

1. 信息服务现状

（1）落后的信息服务理念

传统图书馆在开展工作的过程中，将重点集中于信息的管理与收藏，这也成为对图书馆是否具备专业性进行判断的主要依据。随着大数据时代的到来，人们的判断依据也发生了改变，目前图书馆所具备的硬件和软件配备情况，以及工作人员素质，成为人们考察的重点。在传统图书馆当中，工作人员更加注重为一小部分人提供服务。

除此之外，信息所涵盖的内容具有片面性，难以满足各读者提出的相关需求。随着大数据时代的到来，读者对信息的需求量日益增加，相关部门可以通过打造完善的平台为各图书馆相互合作提供良好的机遇，吸引更多读者的目光，并且更好地发挥出当代图书馆具备的优势，确保图书馆具备良好的服务意识。

（2）被动的信息服务模式

在传统模式下，图书馆在工作开展过程中，只为人们提供自己收藏的内容与信息，读者须进入图书馆后才可进行查询，这就会导致图书馆资源利用率降低。在这一情况下，馆藏资料如果被他人提前借走，那么就会出现馆藏数量严重不足的情况，同时也会影响到资料具备的时效性。读者想要从图书馆获取信息时，常处于一个被动的状态。将大数据技术应用于图书馆馆藏方面，可以将更多的内容搬到互联网上。读者可以根据自己的需求主动获取信息，这样也能有效地避免书籍被他人借走而无法获取信息这一尴尬的情况。除此之外，大数据技术的出现，也能彻底改变原本的信息服务模式。在为读者提供服务时，图书馆需要从读者的特点出发，将有针对性和个性化的定制服务加入其中，利用云计算、互联网等先进技术，确保图书馆服务与读者的生活完美融合。

（3）缺乏丰富的信息内容

传统的图书馆作为信息资源最主要的存储机构，馆藏资料收集和信息服务都需要通过标准流程才可实现。如果采用传统的采集方式，会受到多方面的限制，同时资料内容的时效性、信息准确性等不能保证。很多图书馆为了确保本馆收藏的资料具备可靠性，在采集过程中会提前做好筛选工作，对信息进行剔除或保留。一些读者也会对自己获得的信息进行甄选。

随着大数据时代的到来，图书馆应对服务模式进行创新，使读者可以通过互联网获取自己所需的资源，保证读者获取信息的渠道不断丰富，并且保证信息具备较高的时效性。

2.大数据背景下图书馆信息服务的变革和创新

（1）图书馆信息服务理念的创新

在大数据背景下，图书馆一方面应在传统图书馆信息服务理念的基础上不断进行变革创新，清晰准确地认识到传统图书馆信息服务管理模式的弊端和内在局限性，变被动提供为主动提供服务，改变传统的、一成不变的、静态僵化的服务理念，注重创新，根据实际服务中遇到的情况和问题不断地改变服务状态。另一方面，图书馆传统的服务方式是工作人员坐等在服务台后，有读者上前咨询就进行回答；而主动的服务模式是工作人员走到读者中间，读者再小的需求都能在第一时间得到满足，让读者有一种被重视的感觉。因此，图书馆应从传统的被动坐等或让读者主动咨询求助的服务方式变为主动的"服务到家"服务方式。

（2）实现读者数据的标准化和规范化

对于深入开展我国大数据信息服务管理工作，单一技术机构的服务读者及其数据管理必然存在很大的技术局限性，而对于多种服务渠道、多种数据来源的服务读者及其数据则需要实现全国统一的信息存储和数据管理，达到数据的一致性、精确性、完整性、时效性等，其中读者数据的标准化和规范化是最基本的技术要求。

第一章 绪 论

（3）确立大数据下的合作发展战略

在大数据背景下，图书馆需要以可持续发展的眼光看待自身的发展，并且应将跨产业区域的资源共享、联合、合作作为核心环节，确立大数据下的合作发展战略。

（四）大数据对图书馆读者服务的影响

1. 大数据时代下图书馆读者服务工作面临的新挑战

（1）读者个人信息泄露的概率提高

图书馆对读者行为产生的海量信息进行采集，并进行永久保存、全方位分析和科学预测，可以准确地预测读者未来的行为走向。这种预测读者行为的方式可以为读者提供个性化定制服务，确保享受服务的每个读者都能更加满意，但同时读者个人信息泄露的概率随之提高。首先，图书馆管理系统可以对读者某些不安全阅读行为提前进行预测和规避，这种基于对被采集信息读者的非法性和不安全性的判定会降低读者对系统的认可度，这在某种意义上来说对读者是不公平的。其次，图书馆搭建的可使读者进行信息交流的平台是由图书馆管理人员控制的，读者在其中分享的信息、社会圈层信息、同学同事信息和其他社会关系信息会被完全展示在管理人员面前，让读者产生毫无隐私可言的感觉。

（2）图书馆基于自身利益的决策可能会损害读者利益

图书馆利用大数据技术对读者行为进行准确分析，从而提供更加优质的服务，提高读者满意度。但是在某些特定情况下，一些图书馆为了实现自身利益的最大化而制定的发展规划和战略可能会侵害部分读者的利益。

例如，当图书馆服务商的利益和读者的隐私发生冲突时，部分图书馆会先维护服务商的利益，又或者部分读者的合法权益与绝大多数读者的利益发生冲突，图书馆很难做出维护全体利益的决策，这种情况下必然会牺牲部分读者的利益。因此，如何建立针对图书馆服务监督的机制，更加合理地保障读者的隐私与合法权利是现代图书馆建设中面临的重大问题之一。

2. 如何使大数据技术更好地为图书馆读者服务

（1）建立多个小型自助图书馆，扩大图书馆服务覆盖面积

图书馆是国家公共文化服务体系建设的重要组成部分，具有服务大众、教育大众的功能，肩负着提高全民综合素养的历史使命。大数据时代对图书馆产生的影响力和发挥的作用提出了更高的要求。从目前来看，各类市级、县级图书馆与乡村、社区的距离较远，图书馆的服务半径无法覆盖较大区域。在大数

据技术的支持下产生的现代化自助图书馆可以很好地改善这一现状，城市建设规划部门要对图书馆建设统筹规划，在图书资源较为匮乏的地区建立多个小型自助图书馆，同时通过人机互动，使读者获取更加个性化的服务。

（2）建立数字化信息服务的反馈机制，优化图书馆馆内服务

图书馆提供服务的好坏会直接影响读者的体验，而服务质量的改善需要以每个读者做出的客观公正的评价反馈为依据。图书馆要建立数字化的服务反馈机制，为读者提供一个便捷的评价交流平台，并且可以利用大数据技术对读者的各类反馈进行搜集整理和分析，通过对读者偏好和行为进行预测，为不同层次、不同类型的读者提供特色服务。读者是图书馆服务的最终接受者，图书馆应积极听取读者提出的合理建议，不断改进和优化馆内服务，使读者在享受书籍乐趣的同时还能感受到图书馆服务的温馨与体贴。图书馆与地方政府有关职能部门应积极吸取国外先进经验，在提供个性化服务的基础上将图书馆打造成一个集学习、休闲、洽谈、交友等多种功能于一体的社会活动场所。

（3）加强大数据环境下信息安全把控

图书馆在进行读者信息的采集时要严格遵守相关法律法规的规定，在采集过程中要注意程序的合法性和恰当性，还要考虑到读者的心理感受，避免使读者有被冒犯的感觉；要对读者信息的流动加强监管，明确责任划分和惩罚机制，并且要建立公正公开的隐私维权路径。

另外，当个人隐私保护权利与国家安全利益发生冲突时，图书馆应该积极配合相关部门的工作，提供相关读者信息，努力维护国家的利益。图书馆还要加强对处理读者隐私信息的管理人员的专业技能培训，强化他们的法律意识，避免出现管理人员为了获取不正当的利益而出卖读者信息的现象。图书馆还应该加强系统维护，提高对读者信息进行数据处理的严密性，提高网络安全管理水平，防止黑客通过违法途径窃取读者数据。

五、大数据在图书馆采编工作中的应用

（一）传统图书馆采编工作存在的问题

1.书籍信息更新不及时

传统的书籍更新需要工作人员对图书馆的书籍结构进行了解，然后对薄弱环节进行书籍补充，而且在采购完成后，工作人员需要对大量的书籍信息进行登记和入库，因此会耗费工作人员大量的时间和精力。因为书籍的种类繁多，并且在图书馆更新书籍信息后，读者需要等待很长一段时间才可以查看更

新后的数据。这样不仅导致读者的需求无法在短时间内满足，而且使工作人员承担了巨大的压力。另外，部分图书馆资金不足，书籍的更新速度非常慢，以及工作人员没有充足的时间对书籍信息进行更新，导致图书馆的经营情况并不理想。

2. 图书馆工作人员的能力较差

部分图书馆在招收工作人员的过程中并没有提出较高的专业限制，因此部分工作人员的专业能力较差，导致图书馆的管理情况较差，而且部分工作人员并不重视书籍的登记和管理质量，很容易出现书籍登记错误的情况。部分工作人员在进行书籍采编工作的同时还有兼职，因此对图书馆工作的责任感较低，导致采编工作的质量一再下滑，无法为读者提供优质的服务。

3. 书籍采编结构失衡

书籍的采编需要工作人员结合图书馆书籍结构，分析书籍组成的薄弱环节，但是部分图书馆的采编工作并没有对原本的书籍结构进行分析，在采购的过程中会出现选择大量热销书籍的情况，导致部分读者无法找到所需的书籍。而且因为资金有限，图书馆在采购的过程中必须考虑书籍的价格，因此可能出现选择质量较差或盗版书籍的情况，对图书馆的形象产生严重的不利影响，并且图书馆的书籍结构并没有得到完善，导致读者流失，造成了一定的资金浪费。

4. 采编工作量过大

采编工作不仅需要工作人员对书籍进行妥善的管理，而且要对读者的需求进行了解，还要结合读者需求采购书籍，同时对书籍进行统一的登记，因此工作人员需要承担大量的工作。而且在人工工作的情况下，工作人员还需要对图书进行盖章、收集、整理等，工作枯燥，工作量过大。

（二）利用大数据技术优化图书馆采编工作的途径

1. 提高工作人员的专业能力

在大数据时代，由于受到电子图书市场的冲击，图书馆的发展越来越困难，因此，图书馆必须对工作人员进行专业的培训，加强工作人员的责任意识，提高其专业能力，使其能够运用大数据技术和理念推动图书馆采编工作的开展。由于大数据技术涉及大量的信息技术，因此，图书馆在招收工作人员时，需要提高一定的条件限制，并且对工作人员进行技术培训，从而提高采编工作质量。

2. 规范采编工作流程

完善的采编工作流程，有助于工作人员规范自身操作，提高工作质量。为了提高工作人员对大数据技术的运用能力，图书馆需要制定完整的采编工作流程，通过工作流程约束工作人员的操作，提高采编工作质量；定期对工作人员进行技术培训，使其进一步熟悉工作流程，尽可能减少采编工作浪费的时间，减轻工作人员的压力。图书馆还应通过大数据技术提高图书登记管理工作效率，实现采编工作的长久发展。

3. 利用数据了解读者需求

近年来，随着互联网的发展，电子图书市场扩大速度飞快，读者受到电子图书市场的影响，逐渐转变了阅读观念，而且由于传统的图书馆采编工作效率较低，图书更新速度较慢，图书馆出现了大规模的客流量流失情况。在大数据时代，图书馆需要对读者的需求和阅读理念进行了解，建立图书馆服务平台，为读者提供更加便利的图书服务。图书馆通过对读者读书需求的及时了解，能够加快采编工作进度，提高工作效率，推动图书馆在图书市场中提高自身竞争力。

4. 建立书籍数据管理平台

自大数据技术涌入各个行业以来，企业为了自身发展，利用大数据技术建立了人才信息管理平台。图书馆需要借鉴企业的发展思路，建立书籍数据管理平台，通过对数据信息进行云储存，提高数据管理质量，并且利用大数据技术对书籍信息进行分析；还可以为读者建立图书信息平台，方便读者及时观察图书馆书籍信息的变化，并利用网络平台进行借阅等。

5. 加大信息平台宣传力度

在图书馆完成采编工作流程的规范以及数据平台的建立后，还需要通过加大宣传力度，推动图书馆采编工作信息平台的发展，发挥信息平台的实用性。图书馆可以通过制作手册，宣传自身信息平台的功能，引导读者关注图书馆信息平台，提高其对图书馆信息平台的认识，使其通过图书馆信息平台提高阅读便利性。工作人员需要注重宣传工作的推进，通过在平台网站页面制作宣传信息使读者了解到信息平台的各类功能和可用资源，提高图书馆信息平台的实用性。工作人员还可以通过PPT或视频等方式，向读者展示大数据技术下图书馆采编工作的开展，引导读者对信息平台进行进一步的了解，提高信息平台的可用性。

六、大数据在图书馆阅读推广中的应用

(一) 图书馆阅读推广存在的问题

第一，图书馆没有构建阅读长效机制。在大数据背景下，移动终端也获得了更广泛的应用。随着工作和生活节奏的加快，人们对时间的紧张感也越发明显。为使读者提升阅读体验，图书馆需倡导读者积极利用碎片化的时间来开展阅读活动，这便形成了浅阅读的形式。这种阅读形式更为流行的原因便是能够迎合读者的阅读需求。浅阅读更为随意，虽然在阅读深度方面还未达到理想的水平，但读者可高效利用碎片化时间来开展阅读活动，随时获取信息。图书馆开展阅读推广活动的目的也在于此。因此，图书馆应以更为丰富的形式开展阅读推广活动，如举办书展、知识竞赛等，全面调动读者的阅读积极性，促进深度阅读，从而构建阅读长效机制。

第二，图书馆开展的阅读推广活动中应用的媒体形式过于单一。图书馆开展阅读推广工作期间，需侧重发挥信息技术的优势，主要借助微博等网络平台开展阅读推广工作。但目前阅读推广工作并未在信息技术的支持下顺利实施，只停留在宣传和简单的活动组织层面，并且形式相对规范化，并未在图书馆与读者之间搭建更为顺畅的沟通桥梁。

第三，图书馆忽视了数字资源的价值。图书馆更关注对纸质资源的管理，对数字资源的管理缺乏相应的深度。在信息社会背景下，图书馆若想迎合时代发展的需求，需要充分利用资源和技术来提升图书馆信息的利用率。但从当前的图书馆阅读推广工作实施效果来看，图书馆依然更为重视对纸质资源的管理，并未兼顾数字资源的科学管理，因此，并未充分发挥数字资源的价值和功能。

(二) 大数据视角下图书馆阅读推广的途径

1. 坚持以读者为中心，加强阅读指导

大数据技术为读者个性化阅读需求提供了技术支持。当前读者更为强调和追求个性化的需求，为图书馆阅读推广的发展提供了新的方向。图书馆在实施阅读推广时，需以读者的需求为核心，全面满足读者的各类服务需求。对此，图书馆可基于大数据技术全面分析读者的信息需求、阅读偏好以及历史借阅信息等，并结合当前读者的习惯性需求预测其未来的需求，为读者提供更为精准的阅读推广服务。例如，图书馆可对大数据技术搜集的读者借阅信息进行分

析，并通过微信等线上平台为读者提供个性化的图书信息推送服务。为了提升阅读推广服务的精准性，图书馆在进行分析时还需同步挖掘信息背后的隐含信息，从而最大限度地发挥信息整理和分析的价值。

若想高质量地完成图书推广服务，需以阅读指导作为基础。大数据技术能够为阅读推广工作提供必要的技术支持，结合数据分析的结果为读者提供准确的信息推送服务。图书馆为读者提供的阅读指导服务应更为强调交互性特征，在读者结合指导内容进行资料的搜集时，图书馆也可同步为读者提供电子阅读平台，辅助读者进行更为深入的信息分析。随着大数据技术的迅猛发展，网民数量也随之攀升，更多的读者乐于选择微信等平台分享阅读心得和体验，这也为图书馆进行阅读指导提供了新的发展方向。

2. 创建多元化的阅读服务平台

大数据时代已经从根本上改变了人们原本的阅读方式和渠道，同时对图书馆的经营模式也提出了更高的要求。图书馆需明确意识到大数据技术对传统阅读形式的挑战，主动创建更多的服务平台，满足读者的碎片化阅读习惯，同时为读者提供能够满足其阅读需求的信息，这样才能为图书馆的经营注入新的活力。具体而言，当前微博等平台在大数据技术的支持下普及率明显提升，图书馆也可基于上述平台为读者推送个性化阅读信息，迎合读者的阅读需求。

例如，图书馆可创建专门的微信公众号，主要向读者推送最新或经典的阅读内容，同时还可推送各类资讯等。图书馆还可在微信或微博平台设置图书推荐专栏，便于读者开展深入阅读。图书馆应利用信息技术提高与读者的互动频率，如通过建立大数据平台了解读者的需求和思想，及时接收读者的反馈信息，结合普遍的反馈意见对自身的经营模式进行优化调整，从而提升图书馆管理工作的人性化程度。

当前信息技术的发展与应用更为成熟，同时新媒体技术也为图书馆进行阅读推广提供了更为便捷的技术支持。图书馆在技术的辅助下可高效利用信息资源提升阅读推广的服务效果。此外，图书馆在实施阅读推广时还需不断创新思维，发挥媒体在宣传方面的优势，通过更多的信息渠道发布信息，扩大阅读推广的覆盖面。

3. 积极推广数字阅读

在当前的信息化社会，读者更倾向于选择数字阅读形式，数字阅读成为网络时代的重要阅读形式。因此，图书馆在开展阅读推广工作时，也需尝试创新数字阅读方式。图书馆属于公益性质的社会文化传播机构，需承担更多的社会责任，因此可以通过数字化的阅读推广来提升信息传播的有效性以及扩大信息传播的覆盖面。

从全民普查结果可知，2021年我国成年国民人均纸质图书阅读量约为4.76本，同时人均电子图书阅读量约为3.30本，数字化阅读方式接触率为79.6%，可见读者对数字信息渠道的依赖程度总体呈上升趋势。因此，图书馆需利用更多的渠道对馆藏信息进行有效推广，辅助读者全面了解馆藏资源，进一步提升数字化资源的使用效率。

在大数据技术的支持下，为了切实提升图书馆阅读推广的效果，图书馆应以读者的行为为着手点，多途径搜集数据信息，主要对读者评价、阅读行为等数据进行深入分析，全面掌握读者的阅读行为规律，从而为读者提供更为有效而细致的服务，迎合不同年龄和行业读者的需求。图书馆可在信息技术的支持下从根本上转变经营策略和职能，有效迎合时代特征，最大限度地实现功能转型，继续发挥社会文化和信息的导向作用。

4. 重视阅读服务能力评估和信息安全

图书馆在开展阅读推广工作时，需扎实做细，结合读者具体的需求搭建阅读服务能力的评价系统，对图书馆的服务水平和质量进行全面的评估和指导。在大数据技术的支持下，可将图书馆数据的应用效率和技术的应用效果作为主要的评估指标，通过指标数据分析图书馆在数据搜集、过滤与筛选等方面的能力，及时发现目前提供的服务存在的不足并进行改善，从而提高阅读推广的服务质量。

在数字化时代不断发展的背景下，图书馆的信息量大幅增长，因此图书馆需在基本硬件设施和服务模式等方面加大优化力度，保证阅读推广服务达到预期效果。此外，图书馆还需提升对信息安全的重视程度。馆内相应的部门应加大对读者借阅信息的保护力度，以防读者的个人信息被恶意篡改。

图书馆可充分利用大数据和云计算技术，有效排除读者个人信息的安全隐患，通过设置权限管理等方式，统一数据采集和存储等的标准，为读者的阅读行为提供更为安全和稳定的环境，优化读者的阅读体验，充分体现出现代化数字技术的优势和价值。

七、大数据在图书馆用户信息保护中的应用

（一）图书馆用户个人信息泄露的原因

1. 图书馆个人信息控制权丢失

随着大数据时代的到来和人工智能技术的不断进步，图书馆要在了解用户

个人信息的基础上为他们提供智慧服务。在当前环境下，数据储存、传输技术正在逐步发展，数据的传输速度也越来越快，研究人员建立了Hadoop数据处理平台，分类、聚类、关联、预测、分析也变得更加精准。图书馆在储存、分析和使用用户信息的过程中无法实际控制用户的个人信息，而个人信息的控制者则可以利用数据挖掘技术获取图书馆用户的关联信息，收集图书馆用户的社会关系、经济情况、实际位置等，导致图书馆用户的个人隐私被大量泄露。

2. 图书馆技术保障不力

在当前环境下，获取、储存、分析和使用数据变得更加便利，但数据的安全性却始终无法得到保障，数据安全技术更新换代的速度已经无法适应当前信息技术的发展情况。当出现越界获取个人信息、私自进行违法交易、滥用个人信息等情况时，如果选择利用传统的数据加密、清洗、重构方式，将难以获得理想的效果。

不仅如此，能够胜任用户个人信息保护工作的人才非常少，图书馆缺乏个人信息保护的专业技术力量。开展安全保护工作的人员不仅要负责本职工作，还要负责为用户提供参考咨询、学科服务和维护图书馆管理系统等工作，能够专门负责用户个人信息保护工作的专业人员数量非常少。

3. 图书馆用户数据素养欠缺

在大数据环境下，图书馆用户的数据素养比较低，没有意识到保护个人信息的重要性，主要表现在以下两个方面：一是盲目信任协议内容。一部分图书馆用户看到隐私协议时往往忽视协议的内容直接点击"同意"。二是用户为了能够更加方便地获取文献信息资源，甘愿默认一些App获取自己的个人信息。更有甚者，部分App、网站存在"霸王条款"，当用户想要获取这些平台的文献信息资源时，强行获取用户的通话情况、具体位置、摄像头和录音器权限等。

（二）大数据环境下图书馆用户个人信息保护对策

第一，融合行政监管和专业服务，构建用户个人信息保护平台。澳大利亚、英国等国政府都已经意识到保护个人信息的重要性，专门设置了相关的机构负责这项工作。

2018年，我国共成立了12个省级大数据管理机构，大数据环境下图书馆用户个人信息保护的首要工作是明确这些机构的具体职责，使个人信息保护的行政体系变得更加健全。图书馆专职人员应及时向用户提供图书馆资源服务，介绍图书馆的智能交互设备，向用户介绍有关个人信息保护的政策、注意事项、保护技能等内容,同时也要向用户说明大数据可能会对个人信息产生的不利影响。这些专职人员还可以在用户信息受到侵犯时为图书馆用户提供法律援助,有效保障用户的个人信息安全。

第二,构建数据素养准入制度,提升用户个人信息保护综合素养。图书馆要不断强化用户的数据意识,增强用户的数据能力,使用户在大数据环境中有意识地保护个人信息安全,从而更好地开展个人信息保护工作。图书馆可以在用户使用图书馆的智能交互设备或相关的资源服务时对其进行数据素养测评,用户只有通过素养测评才可以签订个人信息保护协议。图书馆在制定教育和测评内容的过程中要提前对大数据环境进行详细分析,把增强用户数据意识和能力作为主要目标,让用户在使用软件和图书馆设备的过程中进一步增强数据意识,充分认识到保护个人信息安全的重要性。图书馆数据馆员和行政监管部门要对教育和测评内容进行审核,并根据实际情况不断更新其内容。

第三,利用元数据技术和个人信息呈缴制度,掌握用户个人信息保护控制权。美国国家信息标准协会认为元数据就是关于数据使用情况的数据。在创建、储存和使用数据的各个环节中都有元数据的存在,元数据可以反映数据在生命周期流程中的具体情况。

在当前环境下,图书馆需要为用户个人信息制定一定的储存期限,在使用元数据的过程中根据国家已经制定好的个人信息呈缴制度进行运作,图书馆用户拥有设定和修改储存期限元数据的权利。用户在使用智能交互设备和相关文献资源类软件的过程中,图书馆需要在操作页面向用户展示个人信息储存期限的元数据,只有在征得用户个人同意后,才能使用相关软件合理地利用用户的个人信息。

第四,加快引入完备的信用惩戒制度,加大用户个人信息侵犯的问责力度。近年来,我国正在加强社会信用体系建设,大数据环境下图书馆用户个人信息保护可以依靠社会信用体系构建联动机制。具体而言,如果企业出现侵犯图书馆用户个人信息的行为,可以将其行为与企业的资质评定、债券发行、资金申请需求相关联,通过限制措施惩戒其侵犯用户个人信息的行为;如果个人出现侵犯图书馆用户个人信息的行为,可以采取限制出境、限制贷款申请等方式进行惩戒。总之,通过引入信用惩戒制度,全面挤压失信主体的生存空间,已成为遏制大数据环境下图书馆用户个人信息侵犯行为的一柄利剑。

八、大数据环境下图书馆的发展模式

在大数据环境下,图书馆不再只是书籍收藏和文献积累的场所,而是一种基于知识和知识利用的服务机制，它将更深入地参与到用户的整个学习过程、科研和社交活动中，帮助用户实现知识的串联、转化和创新。图书馆的知识服务面临新的机遇和挑战，有必要建立适合当前环境的知识服务创新模型。

（一）信息化模式

图书馆发展的首要任务就是加强大数据环境下的信息网络技术平台建设。大数据技术、云计算、移动互联网、5G技术等新一代信息技术已经改变了原有的知识服务模式，使图书馆的知识服务发生了巨大的变化。构建一个完整的图书馆大数据处理系统，主要包括文件存储、离线计算、数据库管理、资源管理、消息系统、查询分析、分布式协调服务、集群管理与监控、数据挖掘、任务调度等技术。图书馆应注重这些技术的研究，有效利用和引进高科技人才，不断开发新技术，建立现代信息网络技术知识服务平台。只有这样，才能实现与时俱进的图书馆知识服务，更好地为用户提供高水平的知识创新服务，提升图书馆的竞争力。

（二）个性化服务模式

用户是图书馆生存和发展的重要推动者，也是图书馆知识服务工作的轴心。满足用户对知识服务的个性化需求是图书馆最大化知识和服务价值的最终目标。在大数据环境下，用户对知识服务的需求趋于多样化、高效化、精准化、融合化。图书馆应阐明用户的多维知识需求，充分利用与知识服务相关的新技术和新途径，为用户提供全面的内容、多样的形式和丰富的知识服务资源，以满足他们的个性化和专业性。要想突出知识服务在图书馆中的价值，需要准确高效和多样化的知识服务。同时，图书馆有必要加强与用户的交流，并在交流过程中获得新的知识价值。这就需要利用大数据技术构建清晰客观的用户画像，针对用户信息进行用户统计、数据挖掘，提升用户体验。

（三）高素质团队模式

在日新月异的大数据时代，为了满足用户的多样化信息要求，图书馆应开展更深层次和更高水平的信息服务，为用户提供具有实用价值和前瞻性的信息。图书馆应增加图书馆学、情报学、信息管理、网络工程、软件工程和计算机技术专业人才的引进，建立长期的培训机制，以提高图书馆工作人员的知识服务水平和用户信息获取能力，培养其专业的知识服务意识。图书馆还应组织成立一个具备杰出信息专业技能的技术团队，包括具有信息收集、数据分析、软件开发、资源管理等专业能力的人员。另外，图书馆也需要重视用户的发展和培训，应定期组织工作人员对用户行信息资源使用和网络检索能力的培训，以提高用户的信息检索能力、主动获取知识的能力和信息素养。

（四）知识服务的有效性模式

图书馆知识服务的最终价值不仅在于为用户提供特定的知识和解决方案，而且要帮助用户解决实际问题，提高服务的效率和质量。在开放的大数据环境中，图书馆知识服务需要不断挖掘数据资源，准确满足用户需求，与用户一起促进知识共享和再生，促进知识系统的均衡运行，并实现图书馆知识服务的价值，提高知识服务的效率。这就需要构建一个评价图书馆知识服务的反馈体系，将用户的诉求和服务评价实时地反馈到图书馆的信息网络中心，从而不断优化馆内的知识服务，为用户提供精准及时的服务。

（五）高效数仓存储模式

对于数据仓库存储模式的优化主要从两方面着手：一方面是数据仓库的底层架构选择；另一方面是数据仓库的合理分层。目前，主流的架构模式主要有 Hive、Hbase、Elasticsearch、MySQL、Kafka、ClikHouse。其中，Kafka 是一个分布式流平台，主要用于处理实时流失数据读写及计算更新；Hive 主要用于大批量数据的离线存贮，偏底层；而 Hbase、Elasticsearch 和 ClikHouse 均曾支持亿万级数据的在线查询与读写，依据各自的不同特点，均能在不同场景下发挥其最大作用。另外，数据分层对于大数据应用场景是非常重要的，其优点主要是能定义清晰的数据结构、减少重复开发、屏蔽原始数据的异常、数据的脱敏处理等。其分层主要分为以下六个层级：第一，ODS 层，即数据贴源层，是从业务数据库或日志中直接采集的业务原生数据，不做任何加工处理；第二，DWD 层，即数据明细层，数据在该层进行清洗、加工转换和集成，但不做数据汇总；第三，DWA 层，即数据汇总层，该层进行轻度汇总，基于分析场景合并多个业务过程；第四，DM 层，即数据集市层，该层进行多维度数据立方体汇总，划分核心维度和非核心维度，对数据服务进行分级保障；第五，APP 层，即数据应用层，该层面向业务使用层面，数据在该层与应用场景进行映射；第六，DIM 层，即公共维度层，业务观察视角一经生成几乎不变。

第三节 公共图书馆的发展与特征

一、公共图书馆的概念与功能

(一) 公共图书馆的概念

公共图书馆是面向社会公众开放的图书馆,通常以本地区政府财政拨款为预算,为周边居民提供免费的信息阅览和图书借阅供给服务。国际图书馆协会联合会和联合国教科文组织在2002年发布的《公共图书馆服务发展指南》中,对公共图书馆进行了较为精确的定义:公共图书馆是由社区,如地方、地区或国家政府,或者一些其他社区组织支持和资助的机构,它通过一系列资源和服务来满足人们对知识、信息和形象思维作品的需求,社区所有成员都有享受其服务的权利,而不受种族、国籍、年龄、性别、宗教信仰、语言、能力、经济和就业状况或教育程度的限制。

公共图书馆具有的满足本地区不同人群的阅读需求,是其发挥公共性效益的重要途径。公共图书馆的服务和产品最基本的要求是满足本地区居民的基本公共文化需求,包括相关图书资料与文献的借阅、信息咨询与资源导航、阅读活动推介等多方位服务,实现知识资源的共享是公共图书馆具有的最重要职务也是其核心目标所在。

目前,在公共图书馆服务体系中,以总分馆的构建形式实现图书信息资源在不同地区分配的有效性。随着现代化信息技术的不断发展,电子文献服务体系不断升级,为社会公众实现资料的查询和信息的检索提供了极大的便利,同时也推动了公共图书馆的不断升级,优化信息检索和资源导航体系。公共图书馆以为民服务为核心目标,旨在推动地区全民阅读,构建书香社会。

(二) 公共图书馆的功能

1. 终身教育功能

随着社会经济的发展,群众对知识的渴望日益强烈,这在很大程度上推动了图书馆事业的发展。在图书馆不断发展的同时,其功能已经由原来的单一化转变为现在的多元化,服务的对象也变得多元化。结合人们的成长过程,我们可以对图书馆的服务对象进行专业化的划分。比如，针对青少年读者，公共图书馆以提供多学科书籍为主，为青少年阅读群体提供丰富的阅读资料，让他们借助这一阅读方式对人类社会和自然环境有一个全面的了解，树立正确的三观。与此同时，青少年通过阅读不同学科的内容，可以明确自己的兴趣所在，找到符合自己的发展道路。针对中年读者，公共图书馆一般提供辅助服务，也就是通过提供专业化的书籍满足其学习需求和阅读需求，带动其阅读积极性，提高其学习能力。这个年龄段的读者是社会的栋梁和行业的资深专业人士，他们具有全面的汇编和梳理行业知识的能力。针对老年读者，公共图书馆一方面可以为老年人提供纸质资料，另一方面可以为老年人提供辅助设备，比如老花镜等，方便了老年人的阅读，使老年人也可以享受图书馆的服务。

2. 社会功能

公共图书馆可以帮助公众养成良好的阅读习惯，大众也可以利用这个场所获取大量的知识信息。公共图书馆应积极组织和开展阅读活动，将一些优秀的书籍推荐出去，就可以带动社会大众进行阅读活动，带动社会进步，为全民营造良好的阅读环境。

3. 服务功能

印度图书馆学家阮冈纳赞认为，随着时代的发展，公共图书馆的定位已经由一开始的以书本为中心转变为以人为中心，更多考虑人为因素，围绕"以人为本"的原则展开工作。公共图书馆在吸引读者的过程中，不仅仅依靠书籍和场地来进行，而且依靠软件条件，其中包含服务水平、服务能力和服务意识，在考核图书馆工作的过程中，这也成了重要的指标。人们生活质量的提高和对服务多样化的需求，导致人们越来越重视心理层面的消费感受，尽管公共图书馆不属于公共消费场所，但是其服务质量在很大程度上影响着群众的选择。

4. 休闲功能

对公共图书馆来说，整合性、公平性和公益性是其重要的属性。一方面，读者可以在图书馆进行一些读书活动；另一方面，读者可以在图书馆借阅一些书籍，丰富自身的思想文化和生活。图书馆应积极开展讲座，邀请知名作家和艺术界的人士参与其中，提高公民的阅读兴趣，进一步推广阅读活动。公共图书馆提供的文化娱乐和休闲活动主要包括成语接龙、知识竞赛、猜字谜等，并提供咖啡馆、图书吧等娱乐场地。

二、公共图书馆的发展历程

《公共图书馆宣言》称："公共图书馆是地区的信息中心，是传播教育、文化和信息的一支有生力量，是促使人们寻找和平与精神幸福的基本资源。"因此，公共图书馆的发展和人类社会文明的发展密不可分。从古至今，公共图书馆的发展大致可分为三个阶段。

(一) 第一代图书馆

第一代图书馆是统治者和知识贵族、士绅私有的，其主要作用是典藏。图书馆具有保存文化载体的功能，人类为了使自己的文化永久并有效地保存，发明了文字与载体，由此产生了文献。文献是由记录符号、知识内容和记录载体三个要素组成的。

世界上现已发掘的古文明遗址中时间最早、规模最宏大、保存最完整的图书馆，存在于公元前 3000 年前两河流域的美索不达米亚。古代亚述国王亚述巴尼拔，在王城尼尼微建立了有着 2.5 万册泥板书的图书馆。书吏用方头铁笔在湿泥版上刻写楔形文字，然后焙干。这座图书馆中的藏书门类齐全，包括数学、哲学、占星学、语言学、文学以及医学等各类著作，几乎包括了当时的全部知识。从这座图书馆的藏书分类来看，当时的亚述人已懂得图书需要分类和编目。这也反映出当时已经形成了一套比较完整的目录体系。

我国的图书馆也有着悠久的历史，但是我国图书馆在古代并不被称为"图书馆"，而是被称为堂、府、阁、观、台、殿、院、楼。例如，宋朝的崇文院、西周的盟府、隋朝的观文殿、两汉的石渠阁、明代的澹生堂、清代的四库七阁等。公元前 13 世纪，我国的殷代王室保存的典籍是刻写在兽骨和龟甲上的甲骨文。殷墟出土的甲骨窖藏（YH127 坑 17096 片），被视为我国图书馆的萌芽。《史记》记载，老子曾担任周朝"守藏室之史"，掌管国家文物典籍。守藏室是周朝典籍收藏的地方，可见早在西周时期，中国就建立了图书馆。

(二) 第二代图书馆

第二代图书馆变为社会公有，其作用在基本的典藏基础上增加了借阅流通功能。纽约皇后区公共图书馆建立于 1858 年，位于法拉盛区域，其鼓励用书而非藏书。19 世纪末，一些地方图书馆在皇后区西部的斯坦威、长岛市和阿斯托利亚成立。1896 年这些图书馆合并为长岛市公共图书馆，1901 年皇后区被划分给纽约市管辖，之后经纽约市政府提议，七个图书馆合并为皇后区公共图书馆。

一般认为，中国最早以图书馆命名的公共图书馆在武汉。1902 年，湖广总督张之洞、湖北巡抚端方联合奏请清廷设立湖北省图书馆，获准筹备，并于

1904年8月27日开馆。1909年年初，清政府颁布的《京师及各省图书馆通行章程》成为我国公共图书馆事业的开端。1910年京师图书馆成立，历经几番更名，至1998年正式命名为国家图书馆。新中国成立初期，我国图书馆的数量为55个，因当时国家的经济能力有限，图书馆的数量增长极为缓慢，1960—1970年，受国内政治因素的影响，图书馆的数量增长率一度为负。之后，图书馆事业得以迅速发展和恢复，截至1987年年底，县级以上的图书馆数量达到了2440个。

随着信息时代的到来和现代科学技术的发展，特别是计算机技术在图书馆领域的应用，图书馆在管理模式和馆藏模式等方面发生了很大的变化，自助借还机、自助办证机、自助检索机等的产生使图书馆从早期的手工管理服务模式向以缩微技术、计算机技术、声像技术为标志的现代化模式发展。

（三）第三代图书馆

第三代图书馆为社会公有，其作用已经变得越来越多样化，除了具有典藏、借阅流通功能外，已经变成了满足大众多样化需求的公共空间。图书馆通过组织研讨活动、讲座、书评、展览等，挖掘图书馆作为公共空间的价值，从而吸引更多的读者到图书馆。

第一，阅读推广服务。世界各国尤其是发达国家，都非常重视阅读推广。我国的阅读推广工作最早服务于儿童，推动全民阅读最为迫切的是解决好缺乏阅读意愿人群、缺乏阅读能力人群的阅读问题。如今很多人都比较浮躁，很难坐下来安静地读书，在地铁、火车及其他交通工具上，人们要么是在高谈阔论，要么是在看手机，鲜有人看书，由此可知阅读推广工作还任重道远。

第二，总分馆服务模式。随着城市规模的不断扩大，一座城只有一个公共图书馆已经不能满足人们的精神文化需求。公共图书馆建设实行总分馆制是国际图书馆界的基本经验。总分馆制能让许多分散、独立、封闭运作的图书馆变为一个整体，实现城乡一体、资源共享的目的。总分馆之间的地域分布应该合理，覆盖范围太大或太小都不能发挥共建共享的作用，在我国以县为地域单元最为合适。

第三，特色服务百花齐放。郑州图书馆闭馆后，每晚18:00～24:00读者阅览区和自习室实行错时开放，由夜间值班馆员轮流值守，保安人员协助维持秩序，满足了市民夜晚阅读和学习的需求。开封市图书馆于2016年创办"三余读书会"，成为读者交流阅读经验的平台，至今已举办百余期，参与读者累计4000余人次，以名家解读、配音表演、茶事体验等新颖形式增强与读者的交流、互动。

从古代的藏书馆到现在具有多功能的复合型图书馆,公共图书馆的发展变化与人类社会文明密不可分,中国虽然已经是世界第二大经济体,但在公共图书馆建设方面仍然任重道远,相信经过中国图书馆人的不懈追求与努力,会把公共图书馆建设得更好。

三、公共图书馆的特征

(一)社会性特征

公共图书馆作为一种社会机构,俨然已经成为社会组织体系中不可或缺的组成部分,其社会性特征主要表现在以下两方面:第一,其主体具有社会性。公共图书馆所积累和储藏的丰富而庞大的图书资料和文献资源都是人类智慧的结晶,其来源于社会生活的方方面面,并直接运用于各种社会活动之中。尤其是很多图书馆储藏了大量和地域文化特色密切相关的文献资料,真实而生动地反映了该地域的历史沿革。第二,其服务对象具有社会性。所有公众都能通过公共图书馆的服务参与到知识传播和信息交流中,并通过其提供的资源信息辅助自己的学习、工作和生活。

(二)教育性特征

在图书馆这座知识的宝库里,只要你有求知的本领和期望,就可以自觉加入公共图书馆的读者群体,获取知识,提升本领,丰富储备。古往今来,政府首脑、学术泰斗、科技顶尖人才等无一不是在图书馆的知识海洋中成长进步的。因此,图书馆的教育性特征主要体现在其作为教育基地和信息交流平台的作用中。

(三)公正性特征

公共图书馆的公正性体现在它是由政府及其公共部门提供服务的,以财政为保障,面向所有群众,力求提供最均等的服务。另外,其公正性还体现在图书馆的服务应建立在保障人民群众文化权益的基础之上,并通过开展一系列活动来丰富群众的文化活动,满足群众的文化需求。

(四)均等性特征

正如《公共图书馆宣言》指出的,公共图书馆作为政府财政予以保障的公益性机构，可以为全体社会居民提供力所能及的各类文化服务。不分男女老少、收入高低、职业贵贱等，任何个人、组织都可以自由、平等地进馆享受各类文化服务，如图书资料的阅读、文献资源的搜集、电子阅览室相关设备的使用等。例如，很多城市图书馆甚至成了众多流浪人员的避风港和求助站。随着社会的发展和时代的进步，公共图书馆将着力改善自身设施条件以提供更优质的服务。

第四节 公共图书馆的文献需求

公共图书馆的馆藏大多是综合性的，通常建有地方文献的专藏，一些大中型公共图书馆常设有分馆。公共图书馆的服务对象广泛，包括各种职业、各种年龄和各种文化程度的读者。许多国家有专门的公共图书馆法，保证公民可免费获得图书馆提供的多种多样的服务，包括文献外借服务、阅览服务、参考咨询服务、文化活动（文献展览、报告会、讲座、电影、音乐会等）以及为老年人、儿童和残疾人提供的专门服务等。有些公共图书馆还为边远地区的读者提供流动服务。在我国，公共图书馆担负着为科研服务和为大众服务的双重任务。其中，省、自治区、直辖市图书馆是所在省、自治区、直辖市的藏书、目录、馆际互借和业务研究、交流的中心，还为中小型图书馆提供业务辅导；县级图书馆多为本县乡镇居民服务；大、中城市图书馆的主要任务是为城市居民服务，主要服务对象是城市中的各阶层居民。有些大城市的区图书馆藏书数十万册，它们在开展馆内流通阅览的同时，还到街道等开办借书站和流通点，把书送到基层，并协助和指导街道图书馆（室）建立城市基层图书馆网。

公共图书馆的文献需求特点体现在以下几方面。

第一，藏书的综合性。藏书内容涉及各个学科、各种等级和各种类型。

第二，服务对象的广泛性。公共图书馆的服务对象包括各种类型、各个阶层、各种年龄、各种文化程度、各个民族的读者。

第三，业务活动范围的广泛性。这是由为大众服务和为科研服务的双重任务决定的。公共图书馆是国家举办的、面向社会公众开放的图书馆。

在我国，公共图书馆通常指各级地方政府的文化主管部门管辖的图书馆，包括省级（自治区、直辖市）图书馆、县级（市、区）图书馆以及儿童图书馆等。公共图书馆作为图书馆的一种类型，是以其公共性作为出发点的。同属公共图书馆，但由于馆藏文献规模、担当的社会职能、服务的区域或对象的不同，文献需求也不尽相同。省级图书馆由于文献收藏量大、品种多、服务功能广泛、专业技术装备强等，在公共图书馆系统中占有突出的地位。其中，省级公共图书馆的文献需求又呈现以下特点：一是采访量大。省级图书馆作为地区性文献保障中心，文献保存量要达到一定的规模，因而文献采访工作量相对较大。省级图书馆既是综合性馆，又是研究性馆。其文献采访既要多品种、多类型，以满足不同读者的不同需求，又要系统、完整地对某些学科文献进行收集，以适应生产建设、科学研究的需要。二是地方文献全面收集。地方文献的收藏是省级图书馆的重要任务，也是省级图书馆文献收藏的特色。对地方文献的全面收集，包括本地区出版的各类文献、国内外有关本地区社会发展的各类出版物、反映本地区历史与现状的各种非正式出版物等。三是开展本地区的协作采访。馆际合作采访是图书馆文献资源共建共享的重要一环。省级图书馆由于自身的区域位置、社会职能等因素，在馆际合作采访、促进本地区文献合理布局、提高本地区文献保障能力方面起着重要作用。

第二章 图书馆文献信息资源建设与利用现状

文献信息资源是图书馆存在的基石，它决定了图书馆服务的质量和水平，图书馆服务工作的开展必须立足于丰富的文献信息资源。因此，对图书馆文献信息资源建设与利用的现状进行研究与分析是十分必要的。本章围绕图书馆文献信息资源建设现状、图书馆文献信息资源利用现状、图书馆文献信息资源建设影响因素三部分展开，主要包括图书馆文献信息资源建设的意义、图书馆红色文献资源利用现状、文献信息资源建设受资金限制等内容。

第一节 图书馆文献信息资源建设现状

一、图书馆文献信息资源建设的意义

"文献信息资源是图书馆服务的基础"，看似简单的一句话，其内涵却是很丰富的。当下图书馆的服务越来越多，但是哪些是图书馆的"主业"，哪些是图书馆的"副业"，哪些属于"跨界"？不是说图书馆的服务越多越好，服务面越广越好，一个健全的社会是有分工的，专业的机构做专业的事，不仅能提供更好的服务，也能促进社会有序、全面发展。

归根结底，图书馆的服务是基于文献信息资源的服务，这是图书馆服务的核心、主业。无论是传统图书馆还是数字图书馆，其服务都是直接或间接依托文献信息资源的。离开了所依托的文献信息资源，也就失去了图书馆的基本特点，图书馆也就失去了存在的价值。

所有的文献信息资源都是有用的。一种文献，对于有的读者是无用的，但对于另外一些读者却是有用的；今天没用，也许突然哪一天就有用了；从这个角度看，这种文献也许没用，但换一个角度，文献就变得大有用处了。无论是国家图书馆，还是基层图书馆，其文献都是有用的，都值得保存。图书馆文

剔旧，是剔除复本量过大、破损并失去使用价值的文献，而不是完全不保存旧文献。图书馆只有未用的文献，没有无用的文献。图书馆的重要价值之一就是应读者不时之需。图书馆馆藏文献，今天没有读者，不见得以后没有读者，只不过今天这些读者没有使用这些资源而已。

二、图书馆文献信息资源建设中存在的问题

（一）资源结构不合理

当代读者的阅读行为更加趋于个性化，但是一些图书馆在馆藏资源建设中存在资源结构不合理的情况，受读者欢迎的图书资源较少，影响了读者的借阅热情和积极性。在读者群体不断缩小的背景下，图书馆也难以形成规模。

（二）电子资源较少

电子阅读已经成为一种新时尚，更多读者喜欢这种便捷的阅读方式，但是目前一些图书馆的阅读服务依然以纸质图书为主，没有注重开发电子资源，不仅与当代读者的习惯相脱节，同时还影响馆藏资源建设。

（三）人才资源匮乏

人才是图书馆稳定发展的重要支撑，尤其在建设馆藏资源中，需要发挥工作人员的智慧和力量。目前，图书馆在专业人才队伍建设方面较为滞后，而导致这一情况的原因较多，例如，发展空间小、待遇低以及编制受限等。

三、当前图书馆文献信息资源建设现状

（一）读者认可度提升

笔者通过相关调查统计发现，现代读者对图书馆的服务认可度不断提升，从日常服务、环境设施、电子资源、馆藏资源四个维度进行分析，电子资源和馆藏资源的认可度提升较为明显。由此可见，图书馆在资源建设方面的能力不断提升，并且为读者带来了良好的体验。

（二）纸质资源数量增加

当前在我国图书馆中，纸质信息资源依然占据主体地位，虽然涌现了一些以电子资源为主的网络图书平台，但是纸质资源依然是不可或缺的重要服务内

第二章 图书馆文献信息资源建设与利用现状

容。在读者阅读量不断提高的基础上，图书馆纸质资源数量也在稳定增加，涉及各种类型的图书，能够满足不同层次和需求的读者的需求。

（三）电子资源不断丰富

随着信息技术的不断发展，读者的阅读方式、阅读习惯以及阅读行为均发生了巨大变化，以平板电脑、智能手机为代表的移动终端兴起，电子阅读成为一种新时尚和新习惯，读者通过智能手机能够利用碎片化时间完成阅读，提升时间利用效率。在此背景下，图书馆的服务形式也出现了较大变化，电子资源成为重要的服务内容，馆藏电子资源也更加丰富，可以充分满足当代读者的电子阅读需求。

第二节 图书馆文献信息资源利用现状

一、图书馆红色文献资源利用现状

（一）红色文献资源的重要性

公共图书馆作为一个提高人民群众文化水平的重要场所，对红色文献资源进行整合和开发起着非常重要的作用。公共图书馆可以根据当地的红色文化来收集并挖掘一些红色文献资源，当然也可以借助网络的手段来获取更多有关当地的红色文献资源，并将其整合起来，这不仅有利于保存当地的红色文献资源，突出当地的红色文化优势，而且可以在一定程度上提升人们的政治素养，从而实现唤醒人民群众的社会责任感和爱国情怀的目的。

（二）目前红色文献资源利用存在的问题

虽然有很多公共图书馆已经意识到红色文献资源的重要性，有一部分公共图书馆也已经着手对相关的红色文献资源进行开发与利用，但是据了解，目前在公共图书馆中红色文献资源的利用仍然存在很多问题，如公共图书馆没有专门设置一个红色文献展区，红色文化氛围不浓厚，缺少红色文献资源，文献资源管理不规范、不合理以及馆藏红色文献资源更新相对较慢等。这些问题若得不到解决，就很难有效地实现人民群众的政治综合素养的提升，无法达到唤醒人民群众的社会责任感和爱国情怀的目的。

二、图书馆古籍文献资源利用现状

（一）古籍藏阅条件不佳

古籍保藏对温度和湿度的要求很高，酸、虫、光、霉等因素都可能对古籍造成一定的腐蚀和损害。近年来，随着国内许多图书馆馆舍新建以及古籍保护意识的提高，古籍保藏条件已得到很大程度的改善。但因经费等原因，古籍保藏条件不佳的情况仍存在，一些图书馆馆舍结构和设施老旧，古籍保藏条件滞后于古籍存放与保护需求。与此同时，一般情况下古籍的阅览空间与保藏空间是分离的，存在着明显的温湿度、光线等条件差异。因此，古籍反复在差异较大的环境中出入，再加上被读者人为地反复翻阅，古籍本就脆弱的纸张难免受到损害。

（二）专业人才不够

古籍保护工作包含古籍典藏、古籍编目、古籍修复、古籍开发等，专业性较强，工作人员要掌握历史学、文献学、版本学等多学科知识，同时也要熟悉馆藏方面的知识内容。然而，当前实际从事古籍保护工作的专业人员并不多。其中，在古籍修复工作上尤其明显，综合素质高的古籍修复人员少之又少，与藏量巨大的古籍不成正比。并且由于工作岗位变动等因素，相关的工作人员从事古籍保护工作的稳定性也不强。

（三）以藏为主，利用有限

图书馆古籍藏与用的矛盾普遍存在，"重藏轻用"的古籍保护传统理念仍被广泛采用。古籍是不可再生资源，加之缺乏古籍修复工作人员，破损的古籍几乎无法得到及时修复。为了尽可能保护古籍文献的原貌，减少读者在查阅过程中可能对古籍文献纸张及文字信息造成的损坏，图书馆通常会采取一些保护措施：规定读者的一些阅读行为，如中等及以上破损古籍，未经修复不提供查阅服务；查阅过程中禁止对古籍文献拍照；禁止全本复制等。这些措施在一定程度上保证了古籍尽可能少地暴露于外部环境中，但同时也限制了古籍文献资源的利用。

（四）读者群体局限

业界调查分析资料显示，古籍读者中，51～60岁的约占66%，20～30岁的约占6%。由此可见，古籍读者群中老年读者居多，年轻读者占比低。近年来，国家对古籍保护工作重视程度不断增强，古籍研究群体正逐步呈现出年轻化的趋势。但就总体而言，目前，除年轻读者和研究学者以外的社会大众读者群体仍是古籍读者中的少数。

三、图书馆地方文献资源利用现状

笔者通过对公共图书馆地方文献资源利用的整体运行情况进行调查与分析发现，尽管绝大多数公共图书馆对地方文献资源的利用有一定的认识，而且在组织实施的过程中也能够取得一定成效，但按照较高标准和要求进行分析，个别公共图书馆在开展地方文献资源利用工作方面仍然存在一些问题。

有的公共图书馆存在地方文献资源利用意识相对不足的问题，比较突出的就是还没有将地方文献资源的利用上升到战略层面，特别是还没有牢固树立服务意识、大局意识和战略思维，对地方文献资源的利用缺乏科学设计和系统安排，整体工作仍然停留在浅层次上，如不注重开发与利用的有效结合，尽管在收集和整理地方文献资源方面已经做得比较好，但在利用方面仍然缺乏拓展性、全面性和有效性；有的基层公共图书馆存在地方文献资源利用机制不够完善的问题，如没有建立比较科学和完善的利用制度，相关工作的规范化不强，没有确立科学的地方文献资源载体，直接导致地方文献资源利用的效能化水平不高；有的基层公共图书馆还存在地方文献资源利用体系比较薄弱的问题，不注重构建科学化、全员化、社会化体系，地方文献资源利用的整体性不强，如在调动社会力量收集和整理地方文献资源方面还没有有效的方法和措施，而公共图书馆的人员和力量根本无法满足相关需要，同样会制约地方文献资源利用的深入实施；有的基层公共图书馆存在地方文献资源利用模式缺乏创新的问题，如不注重利用信息技术开展地方文献资源利用工作，无论是在收集与整理方面，还是在利用方面，都没有将信息技术、网络技术等应用其中，这也会在很大程度上制约地方文献资源利用整体水平的提高，而且效率不高，需要加以改进。

四、灰色文献资源利用现状

随着灰色文献应用重要性的不断提升，它也为世界各国的发展提供了有力保障。毕竟，灰色文献中的信息线索能够为世界各国的科学研究确定方向提供帮助，所以一些发达国家早年就已经成立了相关机构对灰色文献进行研究。相比之下，亚洲各国的起步时间较晚，且我国对灰色文献的研究也仅仅只有十几年的历史，因此尽管灰色文献自身具备很高的应用价值，但是我国在灰色文献的整体利用与开发上仍然落后于发达国家。

首先，我国在很长一段时期内，由于思想建设上没有实现对灰色文献的高度重视，导致在基本开发与利用上，我国往往会以一般文献为主。

其次，对我国改革工作的开展而言，也仅仅经历了几十年，因此我国在基本工作的落实上，往往缺乏与各地区、组织的有效合作，导致在进行灰色文献收集时存在流通渠道不顺畅的问题。

最后，由于灰色文献自身具备的特点，其在出版时没有规律可循，并且无法通过特定的渠道实现对灰色文献的收集，这也会给管理工作的开展带来一定困难。

第三节　图书馆文献信息资源建设影响因素

一、文献信息资源建设受资金限制

数据显示，2018年我国共出版新版新书24.7万种，重印书27.2万种，共计出版图书51.9万种，数字阅读市场规模达到254.5亿元。20世纪90年代末期，15万元可以买到图书10000册左右，而现在只能买到图书3500册左右。从数字资源购买的情况来看，近10年来每年数字资源的购买支出基本维持在60万元左右，能够买到8～10种电子（数据库）资源。

近年来，随着国民经济增长及文化消费升级，图书行业经历了产业规模的持续扩张，图书种类、印刷册数、销售码洋不断增长。人口结构、收入水平、受教育程度、年龄结构、城镇化水平等社会因素的变化，带来了国民阅读需求的分化，图书行业逐渐形成若干特点显著的细分市场。面对这种市场变化，图书馆的文献信息资源配置却基本没有发生变化，这严重影响了图书馆的文献信息资源建设。

二、缺少馆际文献信息资源共享

文献信息资源的共享一直是图书馆界热烈探讨的问题。文献信息资源的共享在内容上通常表现为协调藏书布局、编制联合目录、开展馆际互借、联机检索等；在途径上往往通过纵向和横向两种方式把各个地区、各个系统的图书馆连成一个相互连通、既各具特色又相互协作的共享网络体系。

从理论的角度看，相关的论述已经很多，也比较成熟。但从实践的角度看，推行的难度比较大。其原因主要是目前我国图书馆是分系统进行管理的。各系统的图书馆工作往往会侧重于自身服务的读者群，很少有不同系统的图书馆进行沟通交流。这就造成文献信息资源难以在系统与系统之间形成共享。即使是系统内的资源共享（如文化和旅游部在公共图书馆系统内推行的文化共享工程），基本上也是在政府规划下进行的，由上级主管部门统一制定整体规划目标和下达指令，具有强制性，不能根据各个图书馆的实际开展资源建设，常造成重复采购、资源浪费等情况。由于各系统的图书馆间缺乏共享，一些图书馆为了丰富本馆资源，不得不增加独立采购产品的类目，由此又出现所购资源重复的情况。

另外，从文献信息资源供应商的角度看，为了其自身利益的最大化，他们并不希望图书馆之间实现资源共享。一个图书馆采购的资源，尤其是电子资源，通常不能分享给其他图书馆使用。供应商总是以版权保护和使用范围规定等为由，要求图书馆只能将所购资源提供给本馆读者使用。其他图书馆，即使与其归属于同一系统，要想使用相同的资源，也必须自己购买。由此，进一步造成了相同资源在不同图书馆重复采购的情况。

三、文献信息资源缺乏科学管理

当前，大多数图书馆的文献信息资源都实现了数字化管理和开放式服务，而且经过多年的积累，不少图书馆的馆藏图书"家底深厚"。但一个较为普遍的现象是，很多藏书多年未被利用，一直处于"藏书"状态。在如何进行图书科学管理与开放利用方面，需要进一步探索更为有效的方法和手段。一些图书馆经过多次倒库或搬迁，图书摆放混乱，错架情况比较普遍，这给图书查找及利用带来很大的不便。此外，每个图书馆的馆藏都有一些特色资源，对特色资源的整理开发也是文献信息资源建设的重要内容。然而，从实际情况来看，上述工作做得好的图书馆并不多。这主要有以下两个方面的原因。

一是没有很好推动图书管理方式从"藏"向"用"转变。图书馆没有充分发挥主观能动性，在书籍管理方式从"藏"转变为"用"上下足功夫，推动图书馆实现功能转变。当前图书馆的大开放空间只解决了让读者看到图书馆有很多书的问题，但面对几十万、上百万的藏书，读者要找到自己想要的书并不容易，使得即使很多书本有适合的读者，也因为信息的不对称、不通畅而无法实现书与人的对应。

二是在开发本馆资源的过程中，既出现图书管理人员的文献工作能力不足的问题，又存在经费支持不足的情况。例如，要建设一个特色资源库，从选取资料、素材，到框架、栏目设计，数据录入、扫描以及平台搭建，都需要投入较大的人力物力。即使是简单的特色资源或专题文献展示，也需要围绕相关主题对馆藏书籍进行甄别、遴选、排序、上架。要抽取某本书中的内容进行专题编辑，更需要馆员具备专业资料的识别评价和甄选编辑能力。在人员管理激励方面，要想促使图书管理人员做好文献资源的管理工作，必须引入绩效管理机制，鼓励馆员积极投入主动服务。

第三章　大数据环境下图书馆文献资源的建设

随着科学技术的快速进步，互联网技术已经逐步融入人们的日常生活，在一定程度上提高了人们的生活质量。随着社会文明的不断发展，人们越来越注重自身文化的积累，国家也通过加强图书馆文献资源建设来丰富人们的业余生活，但是随着科学技术的快速发展，传统的文献资源管理模式已经不能适应时代快速发展的需求。本章利用大数据技术对图书馆文献资源进行全面的建设，以此来提高文献资源的建设质量。围绕文献资源建设概述、图书馆文献资源建设的必要性、大数据环境下图书馆文献资源建设的策略三部分展开，主要包括文献资源概述、图书馆文献资源建设的现状、图书馆文献资源建设原则等内容。

第一节　文献资源建设概述

一、文献资源概述

（一）文献的范畴

"文献"一词最早出现于《论语》之中，其中"文"指典籍，"献"指话语。对文献的这一解释偏向于载体的层面。而在文献的名动二义性定义中则将文献理解为一个倒置词，"献"为进献之意，"文献"则可以理解为进献之文，由此可以看出文献所具备的应用性。

因此，我国学者谢灼华将文献定义归纳为两个最基本定义项：第一，文献是将知识与信息通过记录的方式存贮在一定的物质载体上；第二，文献是能够传播与利用的符号系统。以上对文献的定义属于中文语境之中的定义。在西方语境之中，"Documentun"与"Literatura"两个词所对应的中文翻译均为文献，二词的差异在于限定范围不同，前者对应一切文字性记录，后者对应图书资料。2008年版的《文献学概要》认为文献为古今一切社会史料的总称，这种对文献的界定出于文献的实际应用考虑。对现阶段而言，谢灼华对文献一词的名动二义性定义较有说服力。首先，这一定义中的第一层级对文献的内容、形式与形态进行了阐述；其次，定义的第二层级对文献的作用进行了说明，对文献的社会应用进行了思考；最后，符号系统一词拓展了文献记录语言的形式。综合以上三点而言，谢灼华从文献的构成、内容、形态、作用、意义、社会应用及语言系统的角度出发对文献进行了更为全面与深入的定义。

通过对文献定义的讨论，可以清晰地看出文献的本质是对知识与信息的记录，文献对人类的发展具有重要的价值，这一价值的实现依赖文献的传播与传承。由此而言，文献的作用在于以下两点：第一，文献是不同地域之间交流的重要基础；第二，文献在历史语境之中是后人对前人认识与研究的重要依据。早在远古时期产生的结绳记事、洞窟壁画、原始雕塑等考古发现可以说是人类文献记录语言与载体的最初雏形，这类文献因记录语言存在的主观性限制，阻碍了后人对其记录内容的认知与研究。随着时代的发展，文字的出现使得这一问题得到了一定程度的缓解，因文字的产生与使用，文献记录内容中的信息量大大提升，文献的传播与传承变得更为便捷与准确。由于现代社会图像、录音及纪实影像等技术的出现，文献记录语言的客观性与传播性得到了进一步的发展。文献载体的发展同样影响着文献的传播与传承，基于历史语境，人类文献的最初载体为甲骨、泥板等原始材料，进而出现金石载体，至竹木与纸张载体的出现使文献的传播与传承能力得到了一次大规模的提升。

随着人类进入后工业时代以及数字化技术的全面应用，文献的载体形式变得更为丰富与多元。在2008年版的《文献学概要》中，依照文献记录内容的专业程度将文献分为一般文献与专业文献两种类别。一般文献涉及的主要范围为社会史料，具有普遍适用性且文献体量大的特征；专业文献则是指具有学科专业性的文献，具有专业使用性及文献体量小的特征。

（二）文献资源的含义

资源，一般指天然资源。文献资源是相对于天然资源的一种社会智力资源，是物化了的知识财富，是人们迄今为止收集、积累、贮存下来的文献资料的总和。文献资源作为一种宝贵的智力资源和信息资源，同水资源、矿产资源等自然资源一样，是人类文明发展必不可少的条件。

一个国家文献资源的贫富及其存取水平，是衡量该国文明水准和经济、文化、科学技术等综合国力的重要标志。文献资源的开发、利用程序直接影响到社会的发展与进步。由于历史、经济、文化等诸方面的影响，不同国度的文献资源贫富不均，同一个国家不同地区的文献资源亦多寡不一。一般情况下，发达国家和地区的文献资源比较丰富，经济、文化和科学技术比较落后的国家和地区，其文献资源也相对贫乏。

文献资源是人类社会发展的产物。人类在改造自然界和社会的实践活动中，获得了来自客观世界的各种信息，这些信息经过人脑的提炼和加工，逐渐转化为知识。知识对人类社会的发展有着不可估量的作用。这是因为知识一旦形成，并与劳动者结合起来，就可从潜在的生产力转化为直接和现实的生产力，创造日益丰富的社会物质财富，从而推动人类社会的进步和发展，因此知识成为人类社会发展的驱动力。资源，主要是指生产资料和生活资料的自然来源，人类通过不断发现、开发和利用自然资源，不断创造物质财富，为人类提供衣、食、住、行，使人类得以生息、繁衍，使社会不断发展。从知识也能为人类创造物质财富，并能成为人类社会发展的驱动力来讲，知识也是一种资源，是一种智力资源，但知识必须依赖一定的物质载体才能存在。

在人类社会早期，人类是通过大脑来存贮和传播知识的，由于各种生理因素的制约，知识难以在广阔的空间和持续的时间内积累和传播。随着社会生产力的发展，人类打破了自身的束缚，将知识转化为一些有规律的信息符号并在人体以外找到了新的物质载体，这种新的物质载体就是文献。显然，文献当中蕴藏着人类创造的智力资源。

在人类社会的历史长河中，随着文献数量的不断增加和文献负载知识功能的不断加强，文献积累、存贮了人类的所有知识，成为人类知识的"宝藏"。同时，人类在改造自然界和社会的过程中，通过不断开发和利用人类的知识"宝藏"，借鉴前人的经验和同代人的成果，不断创造物质财富，又促进了社会的进步发展。

由此可见，文献已经成为人类社会发展的一种不可缺少的资源。文献不断积累、存贮的过程，也就是文献资源不断积累、存贮的过程。文献积累的数量越多，延续的时间越长，文献资源也就越丰富。从这个意义上说，文献资源是迄今为止积累、存贮下来的文献集合。

二、文献资源建设概念

文献资源建设就是依据文献信息服务机构的服务任务与服务对象以及整个社会的文献情报需求，系统地规划、选择、收集、组织管理文献资源，建立具有特定功能的藏书体系的全过程。换言之，文献资源建设就是一定范围内的图书馆及其他文献情报机构对文献资源进行有计划的积累和合理布局，以满足、保障社会发展和国家建设需要的全部活动。

文献资源作为一种知识资源和智力资源，不是天然存在的，而是需要由人去积累和建设的。文献资源是图书情报部门和各类文献服务机构赖以生存的物资条件，也是宝贵的人类文化遗产。

在现代社会，随着科学技术和社会文化的高度发展，社会的文献信息量呈爆炸式增长，文献信息类型多种多样。要想开发和利用文献信息资源，就要将分散、无序的文献信息建设成有序的整体系统。建设是开发的前提，没有对文献信息资源的建设，就谈不上开发和利用。所以说，文献资源建设是一项极为重要的基础建设工作，也是文献情报事业的重要组成部分，同时是现代图书馆学、情报学、文献学共同研究的一个分支学科。

文献资源建设一般包括两方面内容：一是各个文献情报机构对文献的收集、组织、管理、贮存等工作；二是一个地区、国家乃至国际众多文献情报机构对现有文献资源的规划和协作、协调收集和收藏，形成整体资源，即从宏观上制定目标和规划，进行协调和分工，以指导各文献情报机构的文献收集工作，突出各自优势，形成比较完备的收藏，并将其作为集体的资源共同享用，从而建立起一定范围内的文献资源保障体制。

三、图书馆文献资源建设的特点

（一）资源多样化

当前图书馆的资源类型呈现多样化的发展趋势，不仅有传统的图书资源，还有期刊、报纸、专题报告等。除此之外，还馆藏新媒体形式的网页数据、行为数据。这些内容都被收纳在图书馆中，而且这些信息并不是一成不变的，它们会随着网络信息的更新而更新。

（二）资源内容智慧化

各种信息技术在图书馆中的应用推动了图书馆服务的变化，主要由传统服务形式转变为智能化服务形式。智能化服务形式能够帮助人们实现图书馆文献资源的深度挖掘和整理。图书馆管理人员可以根据大数据所得的结果，对图书馆中的海量信息展开个性化、专题化分析，让用户精准地了解到自己需要的图书馆文献资源。

第三章 大数据环境下图书馆文献资源的建设

（三）资源保存战略化

数字资源形式的出现，有效解决了纸质资源不易保存、易丢失的情况。但是数字资源本身也存在着一定的问题，包括数字资源对读写环境的要求非常高、非常容易被篡改等，这些弊端给数字资源的精准长期保存带来了困难。图书馆作为国家与社会信息的存储地，为了更好地保存数字资源，将其作为图书馆文献资源建设与共享的一部分。

（四）资源服务智能化

人工智能、5G、物联网、互联网等技术的发展，为图书馆设施以及服务技术的更新创造了有利条件。如今的公共图书馆大部分已经具有人脸识别、座位预约、自动借还等功能，极大程度提高了图书馆服务的能力和效率，使图书馆服务变得更加智能化。

（五）资源去中心化

如今的图书馆仍旧是大多数科研人员获取信息的主要途径之一，但随着图书馆开放范围的扩大，其开放途径越来越广，人们能够利用网络获取图书馆的各种资源和信息。图书馆文献资源建设会逐渐呈现去中心化的趋势，资源共享会随着用户目标的兴趣以及搜索目的发生变化。

第二节 图书馆文献资源建设的必要性

一、图书馆文献资源建设的现状

（一）管理观念落后

意识发展水平在某种程度上会决定事物发展的进程和速度。当前多数图书馆工作人员并未认识到图书馆文献资源建设对图书馆产生的重大影响，没有树立起正确的认知和意识。首先，各大图书馆之间缺乏合作与创新意识，仅依靠单一图书馆的力量，无法实现庞大的文献资源建设；其次，图书馆在资源建设过程中过于追求图书馆建设资源的全面性，忽略了图书馆资源的特色化；最后，很多图书馆过于注重资源的建设，忽略了资源的共享，导致资源的可利用性下降。

(二) 资源数量过多

当前我国文献资源数量非常庞大，文献资源越来越多、生产速度越来越快，给图书馆文献资源的建设带来了极大的压力。尽管图书馆依靠自己的力量或者图书馆联盟的力量能够解决部分资源的建设问题，但图书馆依旧会受到图书版权、图书馆机制、图书馆人员组成等方面的影响，降低文献资源建设的速度和质量。

(三) 资源标准限制

大数据时代的到来以及网络技术的发展，对图书馆文献资源建设的规范提出了新标准和新要求。这些标准和要求主要针对图书馆中文献资源的编目规范、平台规范、数据规范、标引规范等。但是，图书馆受到传统资源建设模式的影响，资源数据管理中的不规范行为较多，这些不规范行为不仅会造成图书馆人力、物力、财力等资源的浪费，而且会降低图书馆文献资源建设的进程。

(四) 资源存储限制

数字资源的保存时间比较长，但是资源本身也存在着较为明显的脆弱性。要想确保图书馆文献资源能够长期被访问，必须建立专业的数字资源渠道。尽管这一问题已受到多方重视，但是数字资源的长期保存涉及多方面、多专业的内容，对部分地方图书馆来说，根本无法实现所有资源的长期保存。究其原因，包括数字资源保存机制不完善、建设经费不充足等，因此应该多方发力，完善图书馆资源存储机制。

(五) 资源服务形式单一

图书馆实现了文献资源的建设，必然会面向越来越多的图书馆阅读用户。当前读者对图书馆资源服务的精准化、科学化、智慧化要求非常高，然而当前的图书馆文献资源共建和共享服务仅仅提供最基本的文献检索功能，无法根据读者的需求，为其提供精准化的文献推送。由此可见，如何提高图书馆资源服务水平和质量也是图书馆文献资源建设过程中的重中之重。

（六）组织和运行机制存在弊端

当前我国的图书馆管理体制大多被分为多个行政管理系统，不同的行政管理系统有不同的问责方式，多头领导、各自为政，虽然这样有效避免了某一部门权力过大的问题，但也导致部门与部门之间配合出现困难。比如，图书馆采购部门和图书管理部门没有形成良好的沟通，导致图书采购计划缺乏合理性；图书馆中的信息平台检索目录与图书馆的实际图书内容、数量不一致，这不仅降低了图书馆的服务水平，而且导致图书馆的文献资源共享体系无法正常发挥。由此看来，图书馆文献资源的建设仅依靠图书馆的某一单独部门无法实现，需要多个部门共同协调。

（七）法律保障不健全

图书馆的文献资源建设是多个行业与机构共同参与的工程，这项工程建设涉及的专业内容非常多。要想合理协调好建设方的利益，规范各部分的工作行为，必须有专业的法律法规作为保障。另外，图书馆文献资源的建设同样会带来文献的版权、著作、网络安全等方面的矛盾和争端，也要通过法律法规合理规范、解决。

二、图书馆文献资源建设的必要性

（一）时代发展的需要

21世纪是信息技术快速发展的时代，互联网的发展对各个行业都产生了极大的影响。同样，互联网也改变了图书馆的传统组成方式与服务方式。曾经图书馆的组成方式和服务方式大多是以纸质文献为主的借还活动，但现在的图书馆文献资源已呈现出多载体、多科学、多形式的发展方向。图书馆要想成为综合化的信息资源共享机构，仅靠单一的图书馆力量无法实现，只有在信息网络社会的作用下才能够达到这一目的。

（二）有利于解决图书馆馆藏力不足的问题

互联网时代的到来，使人为信息呈现出爆炸式的增长趋势，读者的阅读需求也逐渐向多样化、个性化演变。如果图书馆一成不变或仅依靠原有的书刊数量，根本无法满足各类读者的信息阅读需求。并且，当前我国各地图书馆普遍存在着文献资源购置经费不足的情况。经费短缺与价格上升之间的矛盾，使图书馆的购买力日渐下降，长此以往，必然会出现馆藏文献数量不足和质量低下的状况。因此，利用互联网技术展开图书馆文献资源的共建共享，是图书馆未来发展的必然趋势。

（三）有利于解决文献资源重复的问题

图书馆运营如果仅依靠传统的登记、整理方式，会出现工作效率低下、管理秩序混乱的状况，因此有必要建立科学的图书馆文献资源共建共享系统。通过科学的技术手段，图书馆的文献采购、文献整理工作会呈现协调有序的状态，能够有效避免图书馆文献资源的重复和浪费。

（四）有利于优化图书馆的文献资源配置

我国部分规模较大的图书馆片面追求全面建设目标，忽略了图书馆本身的藏书特色和专业特点，这不仅会导致图书馆建设资源的浪费，还会使图书馆失去对当地读者的吸引力，达不到图书馆的建设目的。文献资源建设能够实现各图书馆之间的协调合作，使其共同开发有特点、有价值意义的文献资源，既能提高图书馆藏书的价值，又能帮助图书馆建设特色化的藏馆。

（五）满足读者多样化的阅读需求

在网络信息时代背景下，人们可获得的信息数量越来越多，人们的信息需求也会随之上升。要想获得全面综合的信息内容，仅依靠某个单一的图书馆无法实现，多个图书馆共同展开的文献资源建设可以在交流中实现资源的整合，满足读者多样化的阅读需求。

第三节　大数据环境下图书馆文献资源建设的策略

一、图书馆文献资源建设原则

（一）系统性原则

由于我国有着上下五千年的发展历史，文化底蕴较为深厚，研究者通过探索总结历史并以史为鉴，形成了许多宝贵的文献素材，而公共图书馆作为收藏历史文本的主要场所，文献资源建设关乎文明的传承发展，只有将其文化成果完备保留，才能全面展现其重要作用。想要促进文献资源建设良好发展，进一步展现文献资源的积极作用，图书馆需借助现代化技术，把文献资源的最大价值呈现出来，从而促进中华传统文化的传承与发展。

（二）公共性原则

公共图书馆需要明确自身的实际定位，建立层次鲜明的图书收藏系统，根据图书的价值作用、珍稀体系等内容展开深入分析，以便对那些珍贵、绝版的图书进行有针对性的分类，提高图书馆馆藏水平，并根据馆藏的实际情况，将具有珍贵意义、读者感兴趣的内容对外界开放，以便将我国的文化遗产予以保留；同时，还可结合用户的阅读兴趣，将学术价值显著的图书分类整理，以便为用户提供便捷的借阅服务。除此之外，还要将有意义、有价值的文献资源通过刻录方式制成光盘，制作成网络数据，作为虚拟图书馆的资源。为了打破我国与西方国家的界限，应积极引入西方国家优秀的书籍，从而加强中西方文化交流互动的效果。

（三）经济性原则

文献资源的媒介与模式呈现出多元化特点，不同用户针对文献资源的应用方法存在明显差异，要想处理好用户群体与文献资源的内在联系，需要确保公共图书馆的文献资源内容、模式、方式都能满足用户的基本要求，而这也是公共图书馆文献资源建设的重要内容之一。除了要把文献资源以适当方式展现在用户面前外，还要为用户选取适当的书籍内容，致力于用最小成本创造出更高的价值。

二、大数据环境下图书馆文献资源建设策略

（一）加强对线上图书馆模式的探索

1. 用户友好

在大数据时代，程序编写人员应当充分考虑图书管理系统的用户体验。在使用图书管理系统时，用户可以根据需要注册账户，登录自己的图书馆账号，登录后可使用其中的借阅系统、还书系统、检索系统等，实现相应的功能。程序编写人员应对程序进行不断的调试和修改，逐渐完善修改密码、还书提醒等细节设计，提高读者的使用效率。

为提高线上图书馆的质量，程序编写人员在编写图书管理系统程序时应注

重对程序界面的设计，必要时应用相关的界面显示函数，调整程序运行过程中的颜色、内容，使其在运行过程中有较为清晰的界面，方便用户使用。程序编写人员在编写相关程序时，应注意对代码书写的规范以及逻辑思路的梳理，加强与其他程序编写人员的沟通，使技术成果经过更多层次的审核。

2. 隐私安全与维护

大数据环境下用户的个人隐私容易被泄露，隐私安全成为互联网时代的一大难题。在用户注册和登录图书管理系统的过程中包含大量可利用的信息，网络管理人员应当接受相关的隐私安全培训，从而有足够的素养来维护用户的个人隐私。对于线上图书馆等新型的数据平台，图书馆应把用户的个人隐私放在重要位置进行保护，确保用户在使用过程中相关信息不会被泄露。用户隐私是用户接纳新型服务模式的底线，也是线上服务模式的红线。

3. 程序稳定性

与实体图书馆相比，线上图书馆的优势在于方便快捷，因此对线上图书馆提出了更高的要求。图书管理系统程序的编写不仅能为图书馆工作人员带来便捷，而且应当考虑到读者的使用体验。线上图书馆程序应具有极高的稳定性，以便读者在任何时间和环境下使用，充分发挥线上图书馆的价值。

另外，图书馆工作人员也应将图书馆的借阅信息、图书的库存信息实时反馈给读者，防止线上与线下信息不同步，更要杜绝借阅系统在使用过程中出现的错误，以减少不必要的矛盾，使得线上图书馆成为实体图书馆的助力工具。

（二）加强"纸电同步"建设

在大数据时代，人们对信息传递有更高的需求，信息总量也呈现出指数级增长的趋势，在如此压力下，图书馆需要积极引进高新技术。图书馆文献资源建设应跟上"纸电同步"的趋势，才能提高服务质量，满足读者的需求。从当前的图书馆文献资源建设情况来看，依然存在不足之处，需要采取有效措施进行解决。

1. 建立统一的联合采购平台

在"纸电同步"的趋势下，公共图书馆文献资源建设的具体措施主要集中在建立联合采购平台、丰富"纸电同步"文献品种、制定统一的图书编目规则等方面。先从采购平台建立的角度来看，对馆配商来说，其往往会在自身的图书平台中对自身拥有的"纸电同步"图书资源进行展示，公共图书馆在馆配商中标后就必须应用该馆配商的平台进行采购，如果每年中标商都会更换，那么采购平台就必须在现实情况中进行不断的切换。还有部分采购平台的功能不够

第三章 大数据环境下图书馆文献资源的建设

完善，不能满足实际的需求，所以在现实情况下，必须对不同平台的"纸电同步"图书进行整合。因此，应建立统一的联合采购平台，无论是公共图书馆还是馆配商都能登录平台，进而在平台上完成一切合作业务，有利于公共图书馆对文献资源的建设。

2.图书市场丰富"纸电同步"的文献品种

对图书市场来说，有必要丰富"纸电同步"的文献品种，这样才能真正满足公共图书馆对文献资源进行建设的需求。在图书市场中，很多相关信息都包括其中，不同的群体存在着不同的需求，在这样的情况下，很多出版商开始对"纸电同步"图书的比率进行提升，但是从目前的情况来看，现有的"纸电同步"图书比例仍然无法满足公共图书馆的实际需求，之所以会如此，主要是因为公共图书馆对图书的需求往往由中标的馆配商进行满足，其只能与馆配商就相关问题进行沟通，由于利润等问题，馆配商能够提供的书目较为有限。除此之外，无论是出版社还是图书公司都无法真正地明确公共图书馆对"纸电同步"图书的需求。图书馆在图书市场中处于消费者的地位，所以出版商在对需求量进行调查时必须完全深入公共图书馆，真正明确图书馆需要的"纸电同步"图书数量与品种，之后还需要对公共图书馆需要的图书类型进行细致的调查，明确图书市场的相关信息以及消费者的购买动机，对图书市场未来的变化趋势进行预测，如此既能够保证出版商的利益，也能够满足公共图书馆对"纸电同步"图书的具体需求。

3.制定统一的"纸电同步"图书编目规则

有必要制定统一的"纸电同步"图书编目规则，这样才能真正使公共图书馆读者对文献进行合理的识别，提升对文献进行检索的效率。在书目数据方面，需要保证其真实性与客观性，并将与"纸电同步"图书有关的文献目录进行编制，在系统中对"纸电同步"图书的具体信息进行显示，能够提高读者的检索效率。一旦具备了统一的编目规则，就能够对"纸电同步"图书的内容特征进行明确，为读者提供检索点，使他们更清晰地了解文献情况。对图书编目规则的制定还需要从各个细节深入分析、研究，为读者对文献内容的辨别提供良好的信息支持，提升读者对文献进行选择的效率。总而言之，制定统一的"纸电同步"图书编目规则十分重要，必须引起相关人士的重视，在"纸电同步"趋势下更好地为图书馆文献资源建设服务。

(三) 加强读者体验服务

1.加强文献资源的管理工作

在一定层面上，图书馆文献资源的优良与否并不以其数量的多少作为评判的标准。现如今书籍的出版量越来越大，书籍的作者也越来越泛化。为避免资源的浪费，图书馆文献资料的保存可以根据书籍的特点调整复本数量，对于热门的文献资料适当增加存储量，对于冷门的书籍减少复本，以此发挥图书馆的空间价值。这样不仅能提高读者的满意度，更有助于增进读者对文献资料的了解。电子图书作为文献资料的重要形式，在线上图书馆中发挥的作用不可忽视。对于一些较为贵重或易受损坏的书籍，大力推广电子图书的使用能够很好地保护相关的文献资料，同时能够保障读者的利益最大化。

2.加强对读者的个性化推送

大数据时代下，每个人的阅读兴趣与阅读习惯能够被轻松获取，图书馆可以利用这一资源来完善自身的个性化服务。在线上图书馆系统中，可以根据读者一段时间的借还书情况，计算出读者的个人喜好，在线上图书馆程序中专门开辟一个模块做读者的书目推荐。人对书籍的检索能力是有限的，而计算机恰好能够起到补充作用。如此，读者能够轻松地获取与自己兴趣相关的书籍，从而反向推动线上图书馆的使用，带动图书馆良好运行。将符合每一位读者的读物个性化地推送给读者，能使图书馆里的静态文献资料"活"起来，将知识真正提供给有需要的群体。这也是大数据环境下社会文化传播与发展的新优势。

(四) 加强智能采编工作

1.在图书采编中应用大数据技术的必要性

(1) 实现图书信息智能化采集

在图书馆日常工作中，图书馆工作人员需要对图书进行信息采集、借还管理及分类等，不仅工作量大、工作效率低，而且容易出现错误。大数据技术在图书采购、分类整理、归架整理及借阅管理中都能很好地发挥作用，它能智能化地采集图书信息，并对图书信息进行科学分析，也能实现对图书管理各个流程的智能化分析。技术手段与人工管理的有机结合，不仅减轻了图书馆工作人员的工作压力，也使用户能够更便捷地获取图书信息。

(2) 实现采编数据智能控制

在图书整理及编目中经常会出现书籍名称与书籍记录信息不相符、书号与书名不匹配、书籍名称与索引目录不符等情况，不仅给用户快速搜集图书信

第三章 大数据环境下图书馆文献资源的建设

息带来了困难，而且难以使用户根据书名快速检索书籍，造成图书查找效率低下。大数据系统不仅可以帮助图书馆工作人员对图书信息进行智能审核，而且可以使图书馆工作人员及时发现图书编目中的错误并进行智能化调整，提高了编目效率。

（3）提高图书采编效率

传统的图书采编工作有很多环节，大部分编目工作需要人工完成，而图书馆工作人员的时间和精力有限，所以很难保障图书采编的效率。大数据系统可以根据图书馆的实际情况设定不同的图书采编标准及工作流程，简化采编步骤，并设定细化的采编细则，最终使图书采编工作达到数据智能化控制的目标。基于大数据系统的图书采编工作可以简化为图书预定、图书审核、图书入库三个环节。传统的图书采编要求图书馆按照最详细的图书分类方法对图书进行全科分类后才能入库上架，这不仅给图书馆工作人员带来了较大的工作压力，也在一定程度上影响了图书编目效果。大数据系统的应用改变了传统的图书分类编目方法，实现了图书编目的智能化管理，提高了图书编目效率。

2. 大数据环境下图书馆智能图书采编模式

随着大数据技术的发展，图书馆将面临更多的数据资源，图书管理人员需要将更多的目标从图书整理转向信息资源的整理和评价上，由此图书馆的采编规模也发生了变化，需要图书馆及时进行优化。

（1）智能图书采编系统

大数据环境下，图书馆智能图书采编系统由硬件设备、数据分析层、操作界面三部分组成，系统的每个部分高度关联，使数据资源层层递进，组成满足图书馆智能图书采编需求的系统框架。首先是系统的硬件设备，包括大数据分析系统、智能终端及智能书架设备，可以为系统提供必要的功能支持。其次是数据分析层，数据分析层是智能图书采编系统的核心部分，主要由数据分析器、逻辑处理器、数据转换器、外部程序接口、资源驱动器和数据检验器组成，可以满足系统多种类图书信息数据处理运算的需求，实现图书信息的智能化匹配。最后是操作界面，由图书馆工作人员负责维护，可以为用户精准查询图书信息提供必要支持，包括图书检索系统、图书信息数据库、用户操作平台、辅助程序平台等。

（2）智能图书采编流程

由智能图书采编系统提供功能支持的智能图书采编流程分为资源订购、图书审核、智能编目、智能登录和精准查询五个环节，每个环节紧密联系，在智能图书采编系统的功能支持下完成图书采编工作。

（五）加强文献资源服务

1. 加强数据服务

在大数据时代，图书馆管理服务模式的创新要对数据信息进行合理应用与分析，这样才能为用户提供有效的资源服务。对不同数据信息进行深入挖掘与了解，从而对用户的兴趣有正确认识，在此基础上进行文献资源的推送。并且图书馆通过对数据信息的分析，能够明确自身在市场中的实际发展情况与发展地位，从而对自身发展目标与发展模式进行调整。

2. 加强知识服务

在发展过程中，图书馆要对不同文献资源进行合理应用，通过精准的文献资源服务模式，为图书馆文献资源建设工作打下良好基础，同时为用户的知识学习提供适当的服务。比如，合理应用大数据平台，对不同信息资源进行获取与分析，从而对文献资源服务模式进行调整，这样文献资源服务的实时性就会得到保障，实现传统图书馆管理模式的创新与完善。

3. 加强智慧化服务

在发展过程中，图书馆要想跟上时代发展的步伐，就要确保自身能够朝着智慧化方向发展。图书馆应促使服务模式、管理模式以及营销模式都可以朝着智慧化方向发展，从而为用户提供智慧化服务。

（六）建设综合灾备体系

1. 建立统一综合的灾备组织体系

图书馆作为安全保卫重点单位，任何灾难性事件都会给其带来难以估计的损失，有些甚至是毁灭性的打击。图书馆灾害主要是指发生的损坏图书馆公共财产，危害读者健康，造成或可能造成人员伤害或其他严重后果的事件。

在大数据时代，图书馆更是面临自然环境和网络环境下的多重灾难风险。数字技术使得病毒与黑客的攻击、软硬件的不稳定或损坏都可能导致系统瘫痪、重要数据丢失。因此，制定并落实图书馆应急预案势在必行。图书馆应以预防为主，减少损失的关键是有准备，准备的质量决定减少损失的质量。2009年，美国马萨诸塞州塞勒姆市皮博迪埃塞克斯博物馆及周边大厦发生了大型火灾，然而，几乎所有的珍贵文物、文件和家具都幸免于难。博物馆的工作人员认为，他们之所以如此幸运，是因为该博物馆具有周详的灾难预案。火灾发生后，博物馆训练有素的文献保护与修复的应急队伍迅速响应，按照灾难预案快速有效地行动，与当地消防部门通力合作，用最少的水扑灭了大火。因此，图书馆应完善防灾减灾科技进步政策与创新机制；建立统一综合的防灾减灾组织保障体系，对灾害的预防、预警、预控工作提供大方针和大政策；加强图书馆之间的防灾减灾科技交流与合作，有助于图书馆之间加强协作，互补资源，提高获得先进的应用技术及管理经验的能力，形成跨地区、多层次的协同管理职能和机制；促进防灾减灾科技资源共享平台的建设，整合全国图书馆各灾害管理部门的分类灾害信息资源，充分应用数字化技术及网络技术；多渠道增加对防灾减灾的科技投入，建立图书馆防灾减灾基金。

另外，还应发挥国际组织的作用。在图书馆危机管理领域，以国际图书馆协会联合会为首的图书馆成立了专门的图书馆危机管理组织，在提供危机抢救和恢复指导、推进图书馆危机管理研究和实践活动等方面起到了积极作用。图书馆应明确职责，定期进行灾难演练。图书馆通过定期进行应急预案的模拟演练，可以提高应急处置的领导和指挥能力，确保应急工作落到实处；使每个图书馆工作人员在不断的实践中明确和熟悉自己的责任，提高应急素质，发挥预案最大的效用。

2. 构筑多维立体的法规体系

（1）重视法律法规的保障作用

文献资源是图书馆最基本、最重要的构成要素之一，是图书馆向社会提供服务的物质基础，然而，大数据时代文献资源建设的开展必然受到来自社会各种因素的影响。因而需要国家通过政策和法律对文献资源建设加以引导、协调、规范和保障。图书馆作为政府举办的面向社会公众服务的公益性文化机构，其文献资源建设更是与社会有着密切的联系，因而国家政策和法律的引导、协调、规范和保障作用更为明显。尤其是以法律保障文献资源的来源甚至复本数量，树牢图书馆的资源基础，也提升了图书馆应对灾难的能力。建立一个比较完善的图书馆法律保障体系是图书馆事业繁荣发展的根本保障。《公共图书馆宣言》中指出："必须专门立法维持公共图书馆，并由国家和地方政府财政拨款。"

（2）借鉴业界经验

很多国家都十分重视用法律保障公共图书馆及其文献资源建设事业的发展。例如，2003年英国重新制定并颁布了《法定缴送图书馆法案》，对1911年颁布的《版权法》中出版物样本缴送的内容加以更新，以便跟上时代发展和出版物技术变革的步伐，扩大出版物的呈缴范围，即从印本文献扩充到各种非印刷载体出版物，包括印刷型实体出版物（如光盘、缩微制品等）和网络出版物。这一规定保证了所有载体的重要出版均可被收集并作为国家遗产的一部分保存下来。

（3）打造立体的保障和规范体系

文献资源建设是公共图书馆最基本的业务建设，是公共图书馆赖以向社会公众提供文献信息服务的基础性工程。公共图书馆是面向全社会的公益性文化机构，承担着保障全体社会成员平等获取信息的重要职能。公共图书馆的文献资源是国家和社会公有的财产，文献资源建设与社会的政治、经济、科技、文化、教育等各个领域存在密切的联系，因此，公共图书馆的文献资源建设不是依靠图书馆自身制定规章制度或操作规程就可以完成的，而必须依靠能够体现国家和社会公众意志的法律法规来进行指导、调控、规范和保障。大多数国家特别是发达国家对此已有充分的认识，因此十分重视通过立法来保障公共图书馆的文献资源建设，而且随着图书馆事业的发展不断修订和完善有关法律法规。文献资源建设涉及文献信息的生产、流通、采集、组织、加工、存储、传播、利用等各个环节，与多个领域的法律问题相关，因此各国对文献资源建设的法律保障并不是制定一部专门的法律，而是在多种法律中包含文献资源建设的内容，形成对图书馆文献资源建设的法律保障体系。这个法律保障体系不仅包括由立法机构制定的图书馆专门法、图书馆相关法，还包括为保障这些法律实施的规范性文件、制度和基于自觉意志的图书馆行业自律规范以及本国政府批准参加或承认的与图书馆相关的国际条约、协定。

3. 加强对工作人员的培训

在大数据时代，图书馆文献信息资源灾难管理人员应具有较高的专业技能。由于实际情况不同，人员队伍建设应包括不同部门的人员，包括内部的文献信息资源保管人员，信息部门的技术人员，相关的电工、水工、设备修理人员等，以及外部的公安、消防、卫生、设备提供商、数据库供应商等的人员。这些相关人员影响着图书馆文献信息资源灾难管理的成效，是文献信息资源降低损失的重要保障。

在日常工作中，每个图书馆工作人员都要熟悉馆舍布局以及电源等控制地点，闭馆前关掉水管，人走断电，按操作规程使用设备，安全用电，安全责任分工明确，包干到人，发现隐患，立即报告，及时处置等，还应当增强防范意识，反应迅速，积极配合。相关工作人员要定期检查屋顶、水管、热水管等设备，看是否存在漏水、漏电现象；定期检查书籍虫害情况，在发现害虫时要及时清除；熟悉掌握脱酸的有效方法等。技术部门的工作人员必须认真保管自己的机器账号和网管部授权使用的账号，负责馆内网络系统数据的安全备份，跟踪最新防病毒信息及其防杀方法，做好馆内局域网的防范工作。工作人员应当掌握灾难发生时应采取的具体措施与步骤，并熟悉安全疏散步骤与线路；灾难发生时，工作人员应该知道如何迅速地报警、如何组织疏散和抢救资料；对于灾后的抢救，要事先有人员方案的设定，能够快速整理信息，找到所需物资，组织应急救援，进行新闻发布。图书馆应当挑选和预备文献保护经验丰富的人才，可及时咨询恢复措施、方案，组织专家快速做出决定和抢救。

4. 建设文献存藏的立体空间

（1）提升馆舍功能

图书馆馆舍建设应该严格遵守 JGJ 38—2015《图书馆建筑设计规范》、GB 50343—2012《建筑物电子信息系统防雷技术规范》、GB 50016—2014《建筑设计防火规范》等规范，同时结合地质结构（如板块地质走向、断裂带位置等），切实保证和提高建筑物的防灾能力，为馆藏的保存以及发生突发事件后的抢救及恢复创造物质条件，因此，图书馆建筑的防灾级别和建筑质量应该被视为重点。

（2）加强数字备份

在大数据时代，海量信息不断涌现，图书馆重在内容为王。数字图书馆以大量数字化信息资源为基础，优质的数字资源能够为数字图书馆提供优质安全的服务。数字资源涉及的数据类型具有多样性，数据量的规模是海量数据，海量数据的组织、存储和备份是数字图书馆系统设计的核心任务，是确保数字图书馆提供安全优质服务的基础。图书馆可以将各种数据迁移到硬盘等载体上，实施数据离线存储异质备份，保证数据及电子文档长期有效、可读，防止数据受损害，保障数字信息的可延续性以及灾后数据的恢复。

（3）建设战略储备库

战略储备是指国家为了应付战争和其他意外情况，保障国民经济正常运行和国防需求，有计划地建立的一定数量的物资、货币、能源、人力等的储存或积蓄。进入 21 世纪以来，文献也逐步成为战略储备的重要内容之一。战略储备库是保障国家基本文献资源长期安全有效保藏的重要基础，是进一步探索中国文献战略储备路径和方法的实际举措。建立文献战略储备库的目标是重点收藏并长期保存文献资源。文献战略储备库的主要使命是完成针对文献资源的战略性收集和储藏，以实现对文献资源的持续利用和长期保存。在日常运行方面，当图书馆因地震、火灾、人为破坏、设备或系统故障等不可抗力因素的影响而短时间内不能恢复正常运转时，文献战略储备库必须能够接替主馆完成必要的运行。在确定上述功能的前提下，应在文献战略储备库场址的选择上最大限度地避免各类灾害等特殊情况对文献资源造成的损坏。文献战略储备库的建设应遵循异地建设、综合防灾减灾和安全原则，在选址上还应具备较好的交通和市政配套条件，以利于统筹规划和分期建设，并方便运转和维护。

5.增强全民文献保护意识

宣传教育是防灾减灾的重要一环，增强全民防灾减灾意识，重在平时提高全民对安全预防工作的认识。首先，要使人们在思想上充分重视各种灾害的可能性和危害性；其次，要开展各种应急措施和应对能力的培训，使人们掌握处理应急事件的常识和方法。

图书馆应加强防灾减灾与科技队伍建设，培养一支训练有素的防灾减灾专职队伍，使其做到临危不乱、沉着应对、措施得当，从而降低损失、减少伤亡；教育全体员工发扬团队精神，同舟共济，保护人民群众的生命安全，保护国家财产不受损失。图书馆的人员结构复杂，流动性大，一旦发生突发事件，需将保证馆内人员人身安全、人员疏散和组织救助作为首要任务。对于入馆读者，图书馆要加强对其的入馆教育和警示教育，使其了解如何在图书馆工作人员的指挥下紧张有序地安全撤离和转移、出现险情时如何保护自己、如何处理伤者等。

另外，图书馆应丰富防灾宣传形式。首先，图书馆应利用各种形式宣传防灾知识，使人们充分了解各种灾难发生的客观过程，普及安全防范知识和有关法律法规，提高人们的防范意识和自我防护能力。其次，图书馆应组织有针对性的多样化的防范演练，提高人们的心理素质，加强对人们遭遇突发事件时的应急、应变能力的培养。再次，图书馆应在场馆内进行紧急疏散、消防等综合演练，邀请消防队员演示各种救援设备和逃生工具，让人们现场体验，提升人们的自救能力和救援技能。最后，图书馆应对文献资源的价值进行广泛宣言，使得保护文献资源、公共财产及文化遗产的理念深入人心。只有平常训练有素，安全意识深入人心，才能切实做到关注读者安全，避免突发事件发生时公众的生命财产受到严重威胁。此外，图书馆还可以通过模拟危机形势，检验预案的完善程度。

古人云："防为上，救次之，诫为下。"这说明有效预防对减少灾害带来的损失具有至关重要的作用。因此，我们对待灾害要有积极的预防意识和有效的防灾措施，防患于未然。图书馆的文献资料数量庞大、收藏价值高，设备众多，且具有较高的实用价值。尤其是在信息时代，计算机网络设备的增加和网络安全设施的部署，使得网络信息安全管理和防范难度较大，网络安全管理的责任更加重大。只有加强防灾意识和危机管理，才能对可能发生的各种突发事件、紧急情况事先做好准备，未雨绸缪，才能在事件发生时方寸不乱，从容应对。图书馆应加强危机教育和管理，对读者进行危机应对教育。如果图书馆工作人员和读者能够学会识别危机，就能在突发事件发生之前把问题控制在最小范围内，从而将危机化解于萌芽状态。图书馆通过广泛深入的宣传教育，能够增强读者的法制观念和社会责任感，使读者学习和掌握有关技能，从而减少或杜绝因缺乏安全防范知识、违规等造成的不必要的损害并消除恐慌。危机意识与技能教育可以让社会公众了解危机的性状，掌握求生和自救的技巧，树立正确的危机意识。此外，图书馆还应在从业人员中广泛开展危机教育，增强其危机意识，提升其应急处突能力。

总之，图书馆防灾减灾工作既是人本理念在图书馆的具体体现，也是科学管理的有机组成部分。提高防灾减灾水平，可最大限度地减轻灾害损失，确保人民群众的生命财产安全。"凡事预则立，不预则废"，因此图书馆要加强防灾意识，事先制定出各种预防和应对措施，建立防灾体系，积极与各方配合，防患于未然。只有未雨绸缪，才能做到从容应对、处事不惊、临危不乱，从而避免灾害扩大，充分保护文献，有效地避免损失，为历史和后代留下丰富的文献资料和文化遗产。

第四章 大数据环境下图书馆信息资源的建设

在大数据时代，信息的生成、组织、传播、利用的方式发生了巨大的改变，促使人们对信息需求范围更加广泛，对信息产品的质量、整合度以及解决问题的能力也有了更加深层次的要求，对信息的使用方式也发生了改变。大数据时代的到来，使知识挖掘、评价以及数据分析等一系列增值产业面临危机，但也推动了图书馆信息资源建设、知识咨询服务和读者需求相融合。本章意在说明大数据在图书馆信息资源建设中的重要地位，并对大数据形势下图书馆信息资源建设展开探讨。围绕图书馆信息资源建设的特点、图书馆信息资源的配置与管理、大数据环境下图书馆信息资源建设的策略三部分展开，主要包括图书馆信息资源建设概念、图书馆信息资源的配置、加强文献资源的开发利用等内容。

第一节 图书馆信息资源建设的特点

一、图书馆信息资源建设概念

信息资源建设是由"藏书建设"演变而来的。关于信息资源建设的概念，高波、吴慰慈认为，信息资源建设是集合、开发、组织无序媒介信息的活动；程焕文和潘燕桃认为，信息资源建设是指图书馆规划、选择、收集、组织、管理各种资源，建立信息资源体系的过程和活动；孟雪梅认为，信息资源建设是指采集、积累、开发、布局信息资源的全部活动；肖希明认为，信息资源建设是选择、采集、组织和开发无序媒介信息，形成信息资源体系的全过程。

综上所述，信息资源建设是从事与信息资源相关的一系列采集、整理、加工和利用的过程，开展信息资源建设的主体在传统意义上来说是图书馆。价值共创的理念赋予了信息资源建设新的内涵，信息资源建设的价值共创经由图书馆工作人员和用户通力合作、充分沟通完成，以用户为中心，建设满足用户需求的信息资源体系，实现图书馆人力、财力、物力的最大价值和用户需求的最大满足。

二、图书馆信息资源建设的特点

（一）信息资源数字化

随着大数据时代的来临，数字化资源大放异彩。计算机是数字化资源的载体，可以进行数字化资源的处理、编译、识别等。在大数据时代，图书馆的信息资源多为数字化资源，具有更及时、更便捷、更丰富等特点。可以说，大数据时代的图书馆改变了传统的信息资源传播方式，将图书、报纸、录像等全部转为数字化资源。与传统图书馆相比，大数据时代图书馆最大的特点就是可以做到数字化与信息资源的相辅相成。

（二）注重理论与实践相结合

在大数据时代，我国图书馆在信息资源建设的开始阶段就将视野放得很宽，不断学习和借鉴国外的图书馆资源建设理论技术，从中得到了很大的启发，加快了发展步伐。现阶段，我国很多图书馆会采用试验型数字图书馆资源建设系统，以更好地推进信息资源建设。通过利用该系统，研究者可以将实践与学术理论相结合，使得最终的研究成果更加科学准确。

（三）合作与分工有效结合

通过借鉴国外成功的先例，我国图书馆在发展的过程中奠定了良好的基础。在借鉴国外丰富经验的时候，国内的图书馆可以与国外相关机构建立协作关系，坚持互帮互助、共同进步的原则，以达到资源共享、双赢的美好局面。

（四）对不同用户的不同要求做到针对性满足

在图书馆信息资源建设中还要考虑到不同用户的不同需求，确保收集的信息资源的丰富性。同时，图书馆收集的信息资源要具有科学性和专业性的特征。通常情况下，在进行信息资源建设之前要对不同用户的需求进行详细的了解与整合，利用相关的大数据，将结果作为信息组织的依据。

（五）对知识产权重点保护

随着我国不断推行有关信息资源版权方面的法律法规，广大群众的相关法律意识越来越强，对于版权隐私等方面的保护意识也越来越高。因此，图书馆要在进行信息资源建设之前就充分考虑到信息资源的知识产权归属的相关问题，并根据有关的法律法规，制定相关的信息资源获取规则，使人们对信息资源的获取更放心。

（六）多媒体信息形式

图书馆的馆藏资源包括众多不同类型的信息资源。这些信息资源的表现形式也是多种多样的，如视频、音频、图片等。

（七）信息组织分布方式

由于信息量极其庞大，对所有信息资源进行网络化处理需要极大的工作量，由一个单位独立完成是不现实的。因此，图书馆的信息资源不可能仅在一个地方存储，而是广泛分布在服务器中，经过统一规划后，以"主机"的形式完成检索，从而突破空间的限制。

三、"十四五"图书馆信息资源建设的转向

（一）图书馆信息资源建设的认识转向

第一，对信息资源从藏到用的发展转向。主要就是改变传统图书馆注重资源的收藏而轻视信息资源的挖掘和利用的现状，且随着用户对信息资源利用的细粒度化发展趋势，图书馆的信息资源将更加注重对不同学科、不同主题、不同需求、不同介质的分类及关联梳理，进而为信息资源的组织和服务赋予更多的可能。

第二，对信息资源从单一纸质资源向多类型资源的发展转向。主要就是拓展图书馆信息资源建设的类型。图书馆在大数据时代需要从传统的结构化资源建设如图书、期刊、数据库资源向半结构化数据、非机构化数据方向转变，超越21世纪初对图书馆信息资源的"纸＋电"刻板认识，将更多可获取、可访问、可收割、可共享的多来源、多类型、多格式的资源都可以纳入资源建设体系，注重音频、视频、感知数据资源的建设和采集。

第三，对信息资源的组织从分类编目向语义化组织的发展转向。语义技术的发展为图书馆信息资源的关联组织和深层次揭示提供了技术选择。当前无论是在图书馆的资源发现系统中，还是在图书馆的各种专题资源导航中，语义技术都得到了很好的应用，学术地图、资源地图、证据地图、语义导航、一站式

第四章　大数据环境下图书馆信息资源的建设

发现系统等信息资源揭示表现形式层出不穷。图书馆在"十四五"时期就是需要不断运用信息技术来实现信息的过滤、导航和传输，建设更易于用户利用和发现的高质量信息资源组织工具或平台，促进图书馆信息资源的交流与应用。

第四，对信息表达从文献题目推送向词表数据治理的发展转向。尽管人类社会早已进入了信息化社会，但一些图书馆在馆藏信息表达、服务推送、人名和机构规范等建设中，往往局限在单个信息资源描述，个体间的相互关系未能得到很好的挖掘。但以叙词表为代表的词表数据建设，是图书情报领域的一种重要的知识组织工具。图书馆在"十四五"时期需要通过相应的叙词技术应用，将叙词表作为知识发现、关联数据发布平台的底层语义工具，提升元数据的描述应用，提升信息资源的智能化组织和服务的精准化推送。

（二）图书馆信息资源建设的实践转向

1. 提前进行"十四五"科学规划

2020年以来，图书馆"十四五"科学规划是图书馆界一大热点，可以看到公共图书馆、专业图书馆等都进行了大量的学术探究活动。例如，2020年11月17—19日，中国图书馆学会公共图书馆分会在广东省广州市召开主题为"规划·全视角发展·高质量"公共图书馆"十四五"规划学术研讨会，来自科研及高校的图书馆学家和图书馆实践工作者，共同就公共图书馆"十四五"规划的编写进行了研讨交流。从研究及实践来看，从基层图书馆到市图书馆、省图书馆及国家图书馆，都对"十四五"科学规划倾注了热情。通过提前论证和研究"十四五"时期的图书馆重点发展任务和举措，可以明晰发展方向，整合有限的资金资源达成既定资源建设目标。

2. 数据库资源的个别对待与分类排序

当前，商业数据库是图书馆信息资源建设的主要组成部分，但连年上涨的数据库价格和图书馆有限的经费形成了突出矛盾，如何根据自身定位、用户需求和实际财务状况做出最科学合理的数据库采购却让图书馆感到无从下手，因此近年来基于数据库的使用情况、投入产出、可替代程度等指标权重进行效益及价值评价研究开始兴起。国外图书馆界正在研制一种可以监测图书馆数据库使用情况并辅助图书馆快速准确定位最重要、最核心数据库资源的辅助决策性软件工具。我国图书馆可以借鉴和采用此类工具，借助这些工具在经费缩减的情况下实现图书馆数据库资源采购的科学决策。

3. 当前服务绩效与长期保存平衡发展

随着绩效评价的观念和思维自政府管理向更多社会领域发展，主要内容就是文献信息资源建设及服务的图书馆文献信息资源绩效评价也开始得到关注，并在一定程度上成为图书馆评价的主要内容，往往直接决定了上级主管部门或政府对图书馆文献信息资源建设投入的力度。

毫无疑问，这种评价在一定程度上反映了图书馆信息资源的绩效产出，但由于信息资源的价值有一定的延后性和长期性，单年度的年度绩效并不够科学，建立长周期、宽视域的图书馆信息资源绩效评价更能反映整体的绩效产出。

第二节　图书馆信息资源的配置与管理

一、图书馆信息资源的配置

（一）图书馆信息资源配置的现状

1. 工作人员服务资源分配不均

图书馆的主要服务对象是公众，但是在目前的图书馆中，领导与工作人员并没有对此予以重视，也没有起到应有的服务作用。在目前的信息化图书馆中，对工作人员的计算机技术要求较高，要求专业工作人员不仅要负责日常的借书还书等工作，还要进行图书资源的采买、图书的编号分类整理、计算机的操作等，但是在此过程中，工作人员花费大量时间进行图书货架的整理、编目格式的整理以及馆藏的维护，导致工作人员忽略了对公众的服务，而在大多数图书馆工作人员的服务资源分配当中都存在此种现象，导致公众没有感受到来自图书馆的人文关怀。

2. 图书馆馆藏信息资源分配不均

在公共图书馆中，馆藏信息资源分配不均的现象也广泛存在，尤其是在公共图书馆的资源配置管理中较为明显。

其一，图书馆内部的馆藏信息资源分配不合理。图书馆内的馆藏大多数为人文历史等资源，而关于军事、农业、科技、航空航天等方面的馆藏远远少于前者。图书馆每年采购的图书将会有一大半闲置，在长期的发展中利用率不高，并且一些珍贵的文献资源的借阅条件与时间的约束性较强，使借阅难度以及工作人员办理流程难度加大，导致这一类型的图书在图书馆中被长期闲置。

其二，图书馆在外采买图书时，不能对资金进行合理分配。图书馆的资金来源主要是政府拨款以及各方资助，其经济状况受到地区经济发展的制约，没有稳定的资金来源，导致图书馆在进行图书采购时主要是购买热门书籍，而冷门书籍无人问津，使图书馆的上新受到了较大的制约。

除此之外，信息技术已经在图书馆中被广泛应用，能够使管理更加系统化与高效化，但是也为图书馆馆藏的剔旧资源处理增加了难度。老化图书资源的筛选难度明显增强，这就需要图书馆中的工作人员对其实效性与专业程度进行调查，并根据现有的图书资源制订合理的剔旧计划。而目前图书馆中对图书资源的剔旧工作仍然处于滞后状态，导致其信息资源分配不均，需要进行有效的调整。

（二）图书馆信息资源配置的优化对策

1.加强信息优化资源共享

在公共图书馆资源共享这一方面还需要进行加强。我国与国外的图书馆关于信息资源的交流与联系较少，但是可以通过人员的交流访问与考察增加图书馆之间信息资源的交流，并依据考察结果，与国外的图书馆建立起长期的信息资源交流合作，这样不仅能够对图书馆中的馆藏进行有效的整理，而且能对其进行补充，保证馆藏资源的丰富性。而国内各地的图书馆之间也要进行定期的交流，将图书信息资源的共享进行强化，推动图书馆的网络化管理发展，使图书馆中的信息库更加完善。

2.改善人力资源的配置

在图书馆中，人力资源的配置也十分重要，人员素质与人员结构都需要向专业化方向发展。人员就像图书馆的血液一样，良好的"血液"才能促进公共图书馆的进一步发展。

因此，在进行工作人员的招聘与选择时，不仅要注重其专业性，更要对其道德文化水平进行考察。在工作中也要对工作人员进行定期的培训，使其能够充分地了解图书馆的管理机制与管理理念。在图书馆随着社会的发展而增加新的制度时，更需要对工作人员进行培训与考核，保证其能够严格执行图书馆的制度。除此之外，图书馆也要开通建议渠道，使工作人员能够表达自己的想法，促进工作人员与图书馆共同成长。

二、图书馆信息资源的管理

(一) 图书馆信息资源管理工作中的常见问题

1. 图书馆信息资源管理的安全性问题

互联网给图书馆信息资源管理和整合带来了极大的便利,同时也带来了信息安全这个衍生品。目前,共享经济带动了信息资源的共享,国内各图书馆之间的资源互借、互用壁垒已基本破除,信息资源的存储多借助服务器和存储设备,网络尤其是移动终端给了黑客和不法分子可乘之机,使远程盗取和破坏图书馆信息资源变成了可能。由于安全体系的建设非一朝一夕,黑客入侵事件在全世界范围内的图书馆时有发生,导致图书馆搜索系统瘫痪、信息资源丢失或者直接造成图书馆的网络中断,这些都严重影响了图书馆的正常运营。

2. 图书馆信息资源管理专业人才匮乏问题

传统的图书馆信息资源管理主要依托于人,人是图书馆运转的核心保障,图书和资源上架靠人,资料查找复印也靠人,资源分类与标记也均由人工完成。现今的各类图书馆已逐渐摆脱了单纯的纸质载体,更注重通过信息化技术手段提高图书馆信息资源的管理效率。这就需要大量的数据库、大数据、网络、存储等专业的互联网人才来支持信息资源的管理,曾经的图书馆工作人员需要通过专业技能的提升和转型才能适应图书馆的新变化。

3. 图书馆信息资源管理运作体系问题

大多数图书馆在形式上已经完成数字化和移动化的改造,但在信息资源的管理运作体系上仍然采用传统模式,甚至一些图书馆的管理制度还未进行更新。即使有的图书馆新建立了基于移动互联网的新型信息资源管理系统和微信小程序等手机App,但流转体系没有依据互联网的趋势进行适当的调整。图书馆信息资源管理系统处于"开发-修补-再开发"的不断完善中,需要建立更完善的图书馆与用户之间的长期有效沟通渠道。

4. 图书馆馆藏信息资源量与定位问题

与国外的同类图书馆相比,我国的图书馆馆藏信息资源的数量有限,部分图书馆还存在馆藏信息资源定位不清晰的问题。这使得用户在查找信息资源时,要么检索不到资源,要么不知道查找某一类的信息资源该去哪一个图书馆。部分图书馆收录的信息资源并不对外开放,也导致信息资源的应用和流通严重受阻。目前,国家在版权保护和资源的归属方面做了很多工作,相信在不久的将来,图书馆信息资源保护方面的法律法规将更加完善,可促进图书馆信

第四章 大数据环境下图书馆信息资源的建设

息资源管理的不断发展。

(二)图书馆信息资源管理问题的实践对策

1.图书馆信息资源管理向智能化迈进

(1)智能定制服务

智能定制服务主要是指用户通过利用全球化网络信息资源，根据自身的实际需求，选择和使用相应的信息服务功能。该项服务在具体的运用中，可以精确推测和判断用户的使用意图，并自动为用户提供系统、完善的信息系统服务功能，这些服务功能可以直接使用，无须用户手动设置和调整相关参数，极大地提高了用户的使用体验。

此外，用户可以根据自己的个性化使用需求，对系统相关参数进行针对性的调整和设置。目前，我国大量的图书馆信息服务系统实现了这一功能，便于用户利用这一功能完成对知识结构的分析和理解，为进一步提高全球化网络资源的利用率打下坚实的基础。

(2)信息智能推送服务

通常情况下，信息智能推送服务的实现方式主要有以下两种：一种是频道方式，另一种是邮件方式。其中，频道方式在具体的运用中，系统通过精确推测和判断用户的使用意图，采用类似于频道选择站点的方式，完成对浏览器各个站点的选择，确保用户在选定的站点内安全可靠地浏览相应的信息数据。邮件方式在具体的运用中，主要利用电子邮箱这一工具，采用邮件的方式，将用户感兴趣的信息数据精准、高效地推送到用户面前。对用户而言，其获取信息的途径主要有以下两种：第一，借助系统精准推送功能，获取相应的信息数据；第二，通过手动输入的方式，查找自己感兴趣的信息数据，然后由系统根据输入的内容对海量信息数据进行智能化分类和匹配，从而找出符合用户查找需求的信息，并采用邮件的方式将这些信息呈现在用户面前。

2.将计算机应用于图书馆信息资源管理

(1)将计算机应用于图书馆信息资源管理的重要意义

第一，有利于提升图书馆信息资源管理效率。在传统模式下，相关工作人员需要对大量的图书进行分类、整理和摆放，并且在读者借阅和归还书籍时，工作人员不仅需要从大量的书籍中找到特定的图书，还需要对借阅书籍和归还书籍进行登记。这种依赖人工的书籍资源管理形式需要投入大量的人力、物力，十分容易出现书籍丢失与库存不足的情况。将计算机应用于图书馆信息资源管理则能够有效改善这一情况。基于计算机技术与互联网技术，可以自动生成书籍检索目录，书籍资源与库存能够清晰地展示在工作人员与读者面前，不仅方便读者借阅书籍，还有利于提高图书馆信息资源管理效率，大大缩短了图书馆工作人员查询书籍的时间。

第二，有利于促进图书馆信息资源共享系统建设。经济和科技的不断发展也带来了各种理念的革新，共享理念已经渗透到图书馆信息资源管理中。开放共享的网络可以创造更多获取信息的渠道，将计算机应用到图书馆信息资源管理中能够推动图书馆信息资源共享系统建设。一方面，读者可以更好地获取图书馆的资源信息，并通过资源平台获取最新的资讯；另一方面，图书馆之间可以实现资源的互换与补充，避免出现资源浪费现象。

（2）计算机在图书馆信息资源管理中的应用

第一，资料的收集和获取。做好资料的收集和获取工作是管理图书馆信息资源的重中之重。以北京首都图书馆通用信息管理系统为例，该信息管理系统中录入了各类信息，包括图书类别、书籍名称、书籍摆放区域和书籍库存数量等。另外，该系统会定期进行维护更新，及时补充最新的书籍。

第二，资源库的录入和管理。资源库的录入和管理应当按照不同的种类对资料进行甄别，并建立相应的检索关键词和对应的编号，以方便后期管理人员和读者进行查阅。对电子书籍的管理相对简单，只需要确保方便查阅即可，可以通过对电子书籍进行编号达到此目的。在纸质图书管理方面，则可以通过检索书籍名称实现。另外，还需要划分不同类别书籍的摆放区域，以方便快速地找到纸质书籍的摆放区域。对于图书的借阅和归还，也应该设置独立的编码或二维码来存贮读者的信息，方便管理人员追踪每一本图书的下落，以减少图书丢失或者借读时间过期的情况。

第三，条形码的编译。计算机管理还有一个优势就是可以读取和编译各类条形码或二维码，能够在提高图书信息录入效率的同时减少管理人员的工作量。为了更好地适应读者的借阅习惯，可以在此基础上利用条形码生成图书简介，甚至可以增加音频和图片信息，方便读者在借阅时通过手机扫码进行查阅，获得更好的读书体验，实现图书馆的社会价值。

第四，平台的维持和更新。加强图书馆资源平台的维持和更新是管理的根本。图书馆计算机系统平台的维持与更新主要包括平台搭建的稳定性与软件功能的实现。前者是后者的依托，也是图书馆管理的重中之重。因此要做到定期更新硬件设备，确保资源平台能够稳定运行。同时，图书馆可以应用口令管理对图书馆的计算机系统平台进行管理，不同口令可以限制用户进入平台的操作权限。

第三节 大数据环境下图书馆信息资源建设的策略

一、加强文献资源的开发利用

若想最大限度地开发建设图书馆的信息资源,就一定要加强对图书馆文献资源的开发与应用,要有组织有计划地全面采集社会上的零散的文献信息,并站在宏观与微观的双重角度挖掘出文献资源的最大价值,从而使文献资源体系更加完整,确保资源体系的丰富性和多样性。

与此同时,工作人员也要特别重视电子文献的分类编目工作,并标注电子文献之间的相互参见项。同时也要保障电子文献存储的安全性,避免资料丢失,最大限度地保证电子文献资料的完整性。

二、加强图书馆信息资源共享

(一)协作采购

协作采购就是指各图书馆联合起来,一起组织购书,然后把所购图书上传至图书馆共建系统,形成一个大型的图书馆数据库。读者需要哪本书,在检索机上一查,就可以显示哪个图书馆有这本书、有几本、分别是哪个出版社出版的。协作采购的好处是可以共享图书,节省资源,也可以大大节省经费。在图书馆资金不足的情况下,协作采购不失为一种很好的方法。同时,协作采购也大大方便了读者借阅,节省了读者的时间,满足了读者看书的需求。

(二)建立图书馆网络

图书馆网络是信息网络数据的产物。它是利用计算机网络来建立一个网络信息数据库,这个网络信息数据库可以共享图书资源,其职能如下:首先,图书馆网络可以加快传播人类文化遗产的速度。其次,图书馆网络能够大大加强信息资源开发,挖掘出更多更新的资源。再次,图书馆网络以网络为纽带对馆外资源进行搜索过滤,使其成为虚拟馆藏,使得图书馆馆藏文献走向数字化,更有利于图书馆信息资源共享,使信息资源建设达到现代最先进的水平。最后,图书馆网络具有社会教育的职能、思想教育的职能、文明建设的教育职能、群众文化生活教育的职能,这些职能使得图书馆在网络时代发挥出更重要的作用。

(三) 实现馆际互借

馆际互借是指当读者的借阅需求得不到满足时,该图书馆需要向其他图书馆借用图书,同样,其他图书馆也需要借用该图书馆的图书,以供其他读者借阅。馆际互借是信息资源共享的一个很重要的方式,有利于缩小图书馆的馆舍面积和节约经费。但要进行馆际互借,需要先与各图书馆进行沟通,达成馆际互借协议,这一协议包括互借的类型、互借的程序以及馆际互借的收费标准,而且需要读者办理相应的互借手续,才算达成馆际互借。

(四) 编制联合目录

联合目录是指包括两个或两个以上的图书馆馆藏文献的目录,读者可以在网站上查询自己想借阅的资源,了解该资源的信息。编制联合目录有利于整合图书馆馆藏文献,也有利于读者了解该图书馆的布局,方便读者借阅。目前,全球最大的线上联合目录为联机计算机图书馆中心(OCLC),我国最大的线上联合目录为"全国图书馆联合编目中心(OLCC)"。

以湘西土家族苗族自治州图书馆为例,一般以苗族土家族图书资料联合目录居多,具有很强的地域性。另外,联合目录的数据提供者一般以湘西自治州内的图书馆居多。在湘西土家族苗族自治州内,湘西土家族苗族自治州图书馆基本与自治州各个图书馆建立了联合目录,方便了图书馆馆员管理图书,也方便了读者查找资源。湘西土家族苗族自治州图书馆还与周边地区的图书馆,如怀化市图书馆、张家界市图书馆等众多图书馆编制了联合目录。这说明湘西土家族苗族自治州图书馆经常与其他地区的图书馆合作,馆际之间的合作能力很强。另外,中国知网也是一个很好的文献数据库,湘西土家族苗族自治州图书馆也经常与中国知网做联合目录,中国知网为其提供了很多资源。

(五) 加强图书馆法规建设

目前,我国在图书馆这一方面的法律还有待完善。很多人为了挣钱不断出版没有授权的图书,漏页、空页、纸质不好、印刷重复等一系列问题经常出现,归根结底,我国缺少书籍出版、印刷等方面的法律。另外,现在我国对知识产权人的保护不够,很多人随意盗用知识产权人的劳动成果,很多作者根据数年的研究成果写成的作品经常被人"借鉴",很多作品都不知道哪个才是原创。这样图书馆在采买时也很麻烦,没有一个明确的购书目标,买回来的书籍很有可能就是盗版、问题图书。所以，我国应该加强对相关法律的完善，加强对知识产权的保护，这样也有利于信息资源的共享，并为信息资源的共享提供一个良好的外部环境。

（六）建立资金保障体系

一个图书馆的发展离不开资金的保障，图书馆要想发展得好，除了要有读者的支持之外，还要拥有足够的资金进行图书馆的建设。图书馆中的藏书万千，还要有足够的基础设施来服务读者，满足读者的各方面需求。但是，国家对图书馆资金的投入不够，除一线城市的市级或省级图书馆之外，区级图书馆、县级图书馆、乡村图书馆等很少有资金的拨款。

以县区图书馆为例，各县区图书馆很破败，藏书室的藏书很少，基础设施条件也差，其根本原因是图书馆没有资金来源，政府拨款很少，很多图书都是当地人义务捐赠的，无法完成图书资源共享。所以，国家需建立图书馆资金保障体系，加强对图书馆资金的投入，以此来加强图书馆信息资源建设，完成信息资源共享。以市图书馆为例，在资金保障上较一般图书馆还是不错的，外借部的图书更新得很快，图书馆馆内基础设施也足够完善，联机系统也有很多，在总体上能满足读者的需求，基本达到一般市级图书馆的要求。

三、加强以人为本的知识服务理念

图书馆的工作人员是网络化图书馆信息资源建设的最直接实施者，因此为了最大限度地保证网络化图书馆信息资源建设的可靠性，图书馆要不断提高工作人员的素质，通过开展学术报告、学术研讨会等方式使相关工作人员深入了解信息资源建设过程中可能遇到的问题和挑战，并积极应对，使其成为图书馆建设过程中不可或缺的复合型人才，为网络化图书馆信息资源建设提供人才支持。

图书馆在信息资源建设过程中，还应该考虑到用户的真实需求，为用户提供更方便的服务。针对不同种类的需求，提供针对性的服务，比如配置合理的电子资源，对获取的信息进行加工、整理、组织，将信息资源有序地呈现给用户，使用户使用起来更便捷、更快速、更精准。图书馆信息资源建设的最终目的是为人们提供服务，但是人们的需求会随着时间和空间的变化而不断变化。

因此，图书馆要及时改进自身的服务，为用户提供其所需要的服务。图书馆可建立一个信息资源服务框架，用户可通过这个框架获取自身需要的资源或服务。图书馆还要加强对服务的不断改进，为用户提供专业、开放、智能、人性化的优质服务。图书馆可考虑多引入先进的技术或服务模式，为用户提供针对性的服务，注重以人为本的知识服务理念。

四、重视开放存取资源

开放存取（OA）是一种新型的交流模式，可以利用网络技术发起不同的活动，尤其受到科技界、学术界、出版界等的青睐。OA模式可促进信息的广泛传播，提高科学研究的利用度，还能保障信息的长期存储，以达到学术信息的自由交流。图书馆应该重视OA的开展，根据自身的情况选择合适的OA资源，并在网上挖掘出更多的免费刊物，为用户提供更多的资源选择。例如，图书馆可在本地建设一个开放的存取资源库，将收集到的各种信息资源存储进去；鼓励相关教研人员进行OA模式，并将所得成果上传至资源库中，与其他人进行开放交流和探讨。

另外，图书馆要加强对OA资源的不断更新和优化，并挖掘更多种类的OA资源，特别是免费资源，同时不断完善OA系统的检索功能，以便用户能快速找到想要的资源和信息。OA的建设能为人们提供一个良好的信息交流渠道，更加有利于图书馆的信息化建设。

第五章 大数据环境下图书馆数字资源的建设

近年来,随着计算机的广泛应用以及云计算和物联网技术的发展,数据的类型和规模也在迅速增加和扩大。在大数据时代,如何将这些海量数据转化为有价值的信息是图书馆界普遍关注的话题。本章围绕图书馆数字资源建设概述、图书馆数字资源共享体系的建立、大数据环境下图书馆数字资源建设的策略三部分展开,主要包括数字资源的概念、图书馆数字资源共享体系的重要性、大数据环境下图书馆数字资源建设存在的问题等内容。

第一节 图书馆数字资源建设概述

一、数字资源的概念

现代信息技术推动了数字化时代的到来,纸质文献资源所占的比重逐渐减少,"数字资源"这一专业术语越来越多地在各种文献中出现,被图书馆学界等广泛使用。迄今为止,与数字资源相似的术语有很多,比如电子资源、网络资源、虚拟资源等。而学界和部分机构在界定数字资源的概念方面的看法各不相同。

国际图书馆协会联合会将数字资源定义为:在计算机和移动设备上使用的资料,包括数据(数字表格中的文字、图片、音像和复合内容)、程序(数据的处理指令)和电子数据与程序的结合(在线媒体等)。美国国家信息标准化组织指出,数字资源是有元数据描述和管理的,并经过组织和选择以方便人们访问的数字对象集。我国学者韩新月认为,可以将数字资源定义为:所有以电子数据的形式把文字、图像、声音、动画等多种形式的信息存储在光、磁等非纸介质的载体中,并通过网络通信、计算机或终端等方式再现出来的资源。

总的来说,数字资源的含义包括以数字形式存在、以非纸质载体为介质、以计算机等为传输设备等几个基本要素。

二、数字资源的特点

作为现代图书馆馆藏中发展最快、灵活性最强、利用率最高的资源，数字资源不仅在存储形式和获取方式上有别于传统的纸质资源，还具有利用网络传输速度快、共享性强、可检索性等优点。归纳起来，数字资源的特点主要包括以下几个方面。

（一）动态性

与传统的纸质资源不同，数字资源由于其特定的存储介质和存储方式，人们可以比较容易地对相关的数字资源进行修改。并且随着网络信息资源互动性和交互性的增强，每一个网络用户都可以很容易地对数字资源进行添加、删除以及修改。因此，网络时代的数字资源具有很强的动态性。

（二）共享性

数字化和网络化是数字资源的两个最基本的属性，通过网络，同一数字资源可以同时被多个读者访问和使用，不会受到传统纸质资源使用过程中的副本量的限制。用户可以在不同时间、不同地域通过不同的阅读工具使用相同的数字资源，而且所使用的数字资源在内容和质量上没有任何区别，体现了数字资源的共享性。

（三）依赖性

由于存储格式和表现形式的特殊性，大多数数字资源在产生、加工和传输的过程中必须依赖一定的工具，相应地，读者在使用这些数字资源时也必须借助相应的程序和设备。如果没有相应的工具，或者所使用的设备或软件不兼容，那么相应的数字资源就不能被读者使用。这种依赖性是由数字资源本身的属性决定的，在某种程度上限制了数字资源的发展。

（四）可检索性

在数字资源的加工过程中，加工者对数字资源的相关属性都进行了详细的标引和注释，并按照一定的格式录入数据库。该数字资源的任何一个属性、关键字都可以作为一个检索点，读者借助计算机等现代化设备，通过关键字或分类浏览的方式，能够快速、准确和全面地获取所需的资源。相对于传统的纸质资源，数字资源在资源的检索方面具有绝对的优势。

（五）不安全性

在网络时代，大量的数字资源以开放的形式存在与网络中，由于数字资源具有动态性、共享性以及可检索性，任何人都可以通过检索，快速地查找到目标资源，通过一定的设备和软件轻易地修改相应的信息。数字资源的这些特点为人们使用数字资源提供了方便的同时，也埋下了隐患。随着网络黑客和病毒的不断增多，恶意篡改和窃取私人信息的事件层出不穷，对正常的网络环境造成了极大的威胁。这种网络信息的不安全性不利于数字资源正常有序地发展，需要通过一定的物理和技术手段进行保护，同时也需要政府出台相应的政策加以约束。

三、数字资源的分类

（一）根据信息内容分类

根据信息内容分类，数字资源可以分为电子图书、电子期刊等。电子图书是以数字化的形式展现传统的纸质图书的内容，通过数字技术来记录文献信息的新型资源存储形式，提高了图书的利用率。电子图书凭借其使用方便、易于检索、节省空间等优势广受读者喜爱，成为数字资源重要的一部分。电子期刊，从广义上来说就是以数字形式存储的期刊，人们可以通过互联网对其进行查找和阅读。

（二）根据媒体形式分类

根据媒体形式分类，数字资源可以分为文本数字资源、图像数字资源、音频数字资源、视频数字资源等。文本是通过计算机表示符号和文字等的信息，以字段形式存储在数据库中，可以被分类、查询、检索，因此，文本是人机交互的重要方式，文本数字资源也是利用率最高的。图像数字资源是数字资源中重要的一种，它以原生或扫描的方式将大量的信息生动形象地展现出来，具有直观性的特点。音频数字资源是数字化的声音数据，其信息来源主要有广播、磁带等，服务于新闻广播、图书馆等用户。视频数字资源由于可传达的信息量大，集合了文本数字资源、图像数字资源、音频数字资源的优势，其在数字资源中的占比越来越大，图书馆在数字资源建设方面应给予其更多的关注。

(三) 根据加工层次分类

根据加工层次分类，数字资源可以分为一次文献数字资源、二次文献数字资源、三次文献数字资源。一次文献数字资源指首次形成，经过规范加工处理的数字资源，包括电子期刊与电子图书等。二次文献数字资源指在一次文献数字资源的基础上经过简单加工所形成的介绍性的数字资源，比如搜索引擎、分类菜单、参考数据库、学科资源导航等。三次文献数字资源指在一次文献数字资源和二次数字资源的基础上经过深层次分析、加工、整理所形成的数字资源，既起到介绍性的作用，又起到评价的作用。

(四) 根据载体形态分类

根据载体形态分类，数字资源可以分为现实数字资源、虚拟数字资源。现实数字资源是有形的，其主要存储介质是硬盘、磁盘、光盘等，从地理位置上来说，存在于图书馆本地，是图书馆的本地馆藏，所有权归图书馆所有。虚拟数字资源是无形的，指各图书馆根据自身的性质、任务、类型、特点等具体情况并经过认真筛选与组织的网络信息资源，可以使用通信设备或计算机通过互联网共享图书馆外部的信息资源，具有虚拟性、及时性、丰富性、共享性、分散性等特征，如图书馆采购的数据库，通过与本馆服务器相连提供远程利用服务。

四、图书馆数字资源建设概述

(一) 图书馆数字资源建设的内容

在现代社会中，图书馆可以满足不同群众的学习需求和提供不同资料的查找渠道，是十分重要的功能性建筑场所。随着时间的推移，各种新兴技术的出现也在一定意义上冲击了传统图书馆的地位，所以图书馆需要跟上时代的步伐，积极融入时代变革的潮流，满足读者的需求。

因此，图书馆需要在传统的服务类型中加强数字资源建设，同时也不能忽略增加相应的基础设施，以便更好地完善图书馆相应的职能。在图书馆数字资源的建设和发展过程中，不仅需要将图书馆的书本和不同的信息资源转化为电子书本资源，而且需要将信息网络中的互联网资源结合在其中。这样可以最大限度地使传统图书馆得到改革并拥有新的发展。并且在增加图书馆基础设施的过程中，图书馆需要根据读者的实际需求进行相应的数字化、信息化的储存，同时对于信息网络的构建也应当进一步完善，使图书馆的数字资源得到不同程度的增长。

（二）图书馆数字资源建设的特点

1. 资源内容丰富

公共图书馆数字资源内容丰富，以天津图书馆为例，其电子图书共享系统中已有300多万种图书。天津图书馆的电子期刊中，CNKI中国期刊全文数据库收录国内9100多种重要期刊，为用户论文写作、查阅资料提供重要助力。其数据库收录的综合性人文大众类期刊约3000种，其中独有期刊约1000种。其他省级图书馆也是如此，如上海图书馆共有中外文数据库163个，类型包括电子期刊、电子图书、标准、学位论文、专利等；四川省图书馆的线上数字资源服务，含资源库100余个，电子图书410余万册，电子报刊3万多种，音频资源20余万小时，视频资源15余万小时。

2. 开放式访问

天津图书馆的读者只需办理"一码通"读者借阅证，即可在馆外浏览下载大部分数字资源。国内其他省级公共图书馆多数是在读者办理读者证后，即可登录网站下载资源。以浙江图书馆为例，年满12周岁，可凭本人有效证件免费注册成为该馆读者。对于外地读者，可凭支付宝芝麻分通过支付宝关注浙江图书馆服务号注册成为该馆读者。

3. 数字资源共建共享程度较低

受资源建设经费等情况所限，公共图书馆需要在数字资源库的数量、内容和读者需求、利用率之间把握好平衡，构建优质的数字资源体系。目前公共图书馆的资源共享程度有待加强，以上海图书馆为例，允许馆内访问的数据库153个，允许馆外访问的数据库119个。再以天津图书馆为例，书同文古籍数据库、优阅数字图书馆、慧科数据库等只允许馆内局域网访问。

4. 数字资源利用率不高

由于部分资源库只允许馆内访问等原因，很多数字资源利用率不高。例如，天津图书馆的电子报纸下的慧科数据库，是全媒体大数据采集、分析的数据库，涵盖全国媒体，数量超过7000家，实时更新，可回溯。例如，设置搜索关键词"京津冀"，日期设置为2021年7月20日，可得到检索总览（49670）、报刊（645）、网站（42964）、社交媒体（4819）、论坛（1050）、博客（105），再点击链接便可进入相关新闻，十分方便，为研究人员全面提供相关文献资料，是搜索信息的有效工具。但很多用户并不了解该资源库，导致其利用率不高。

(三) 图书馆数字资源建设的意义

1. 彰显图书馆特色

建设公共图书馆特色数字资源，可以体现图书馆对图书馆建设的思路特点和内容特色。

2. 促进信息资源共享

在大数据时代，信息交流快速且繁杂，图书馆数字资源建设能够满足不同用户对信息资源的获取要求，有效节约成本，从而进一步扩大服务范围和促进信息资源共享，使图书馆的数字资源能够服务于社会，进一步扩大图书馆的社会影响力。

3. 扩展服务

图书馆数字资源建设的目的不仅是帮助社会公众提高获取资源的速度，而且是使社会公众更好地获取的信息，能够获得知识和提高利用效率。图书馆数字资源建设可以将不同学科通过一定的框架进行知识层面的体系构建和关联，将知识进行延伸和扩展，从而满足不同用户信息获取的要求。

第二节　图书馆数字资源共享体系的建立

一、图书馆数字资源共享体系的重要性

无论是从宏观角度还是从微观角度分析，均可以清楚地了解到数字资源已经成为社会发展中不可或缺的一部分，而作为国家公共文化体系的重要载体，图书馆能够为人们为社会提供众多的数字资源，能够发挥出公益性。但是各个地区的经济发展水平不均衡，导致图书馆的作用难以发挥出来，而积极建立图书馆数字资源体系共享体系能有效改善图书馆事业发展不均衡的现象。

在当前科学技术的不断发展下，数字资源在产生、存储以及运输方面均发生了重大的变化，网络化的有效应用加快了数字资源传播的速度，改变了图书馆数字资源的存储方式。在此背景下做好图书馆数字资源共享可以丰富馆藏资源，在无形当中发挥出图书馆的作用与价值，促使图书馆从被动服务逐渐转变为精准化服务与个性化服务。

二、图书馆数字资源共享体系存在的问题

(一) 图书馆数字资源共享平台的标准化体系缺失

在网络环境中,图书馆数字资源共享平台的建设和发展需要有一个标准化和健全化的制度体系作为支撑。笔者通过对当前我国部分城市的图书馆建设情况进行分析,发现图书馆的基本管理制度和服务流程已经十分规范和详尽。但是,针对图书馆数字资源共享平台构建的标准化制度缺失。不同地区的图书馆对数字资源共享平台的认知程度不同,再加上不同地域之间的技术水平存在差异,导致制度不统一,标准不规范。如此一来,制度体系上的缺失导致资源难以实现高度整合,降低了图书馆数字资源共享平台构建工作的效率。

(二) 图书馆共享资源紧缺

当前,对很多图书馆馆员来说,图书馆数字资源共享平台并不是一个新鲜的话题。数字资源共享为图书馆资源的高效利用创造了条件。但是,难就难在共享资源有限。每一座城市的图书馆就如溪流,这些"溪流"当中的资源源源不断地汇集起来,才能够成为"资源江河"。

然而,图书馆共享资源还十分紧缺。笔者通过调研发现,目前我国开放性的图书馆资源还十分有限。如此一来,很多地级市的图书馆共享资源也仅仅来自内部系统,资源总量有限,这就直接制约着图书馆数字资源的可使用量和可利用率的提升。

(三) 数字资源共享技术不够成熟

图书馆共享数字资源能够得到全面开放和利用的前提是数字资源共享平台的搭建,而图书馆数字资源共享平台搭建的基础是数字资源共享技术的提升。但是,当前数字资源共享技术还不够成熟,这就成了图书馆数字资源共享体系构建中的一个瓶颈。

一方面,图书馆数据库管理系统的建设还不够成熟,很多年代比较久远的宝贵文献资源不能导入电子文献数据库系统,这就影响了读者对相关文献资源的查阅总量。

另一方面,图书馆 App 系统的更新速度还不够及时。目前,很多地区的图书馆继网站服务模式推广开来以后,又逐渐进行了 App 建设,因此,App 也成了图书馆数字资源共享体系构建的一个关键环节,但是 App 上的内容更新不及

时，很多预约服务还不能实现，这也与技术发展滞后存在着较为密切的关联。而图书馆数字资源共享技术不够成熟，与图书馆在技术提升过程中资金投入不足以及人才引进不足存在着必然的联系。资金投入不足导致很多硬件设施落后、陈旧，人才引进不足导致数字资源共享体系得不到专人的维护和管理。

（四）图书馆数字资源共享中存在版权风险

1. 集团采购版权风险

图书馆数字资源集团采购可降低采购价格，属于常见的图书馆数字资源共享模式，该模式可能出现合同风险、连带侵权风险。合同风险源于合同内容不清晰引发的合同版权风险，各图书馆很容易因此产生矛盾冲突。连带侵权风险主要是由于图书馆未能逐一审查采购资源的版权情况，资源库存在的侵权作品如未能及时发现，基于该资源库提供的服务便很容易引发连带侵权风险，图书馆用户对资源的非法使用也可能引发该风险。

2. 联合开发版权风险

图书馆数字资源的联合开发同样很容易出现版权风险，如未能明确划分各图书馆的具体版权责任、无法确定素材的版权类型、缺乏足够的版权意识等，一系列侵权风险隐患很容易因此出现。例如，无法明确各个主体的权利归属，也可能产生版权风险，图书馆甚至可能因此出现自有知识产权流失问题。

3. 资源交换版权风险

作为重要的数字资源共享补充方式，资源交换在不同图书馆间的开展频率近年来不断提升，数字资源属于主要的资源交换对象。但笔者通过深入分析发现，资源交换存在较高的活动复杂度，图书馆对这类数字资源的处理无法按照实体资源方式开展，而在资源交换的对外资源使用授权和资源获取授权过程中，同样很容易产生版权风险。

4. 文献传递版权风险

向用户传递数字文献同样属于图书馆数字资源共享的重要组成部分，这一过程不可避免地会涉及资源复制权问题，由此催生的侵犯网络传播权风险、侵犯复制权风险必须得到重视。

三、图书馆数字资源共享体系建立的对策

（一）构建大数据共享中心

构建大数据共享中心需要从技术层面加以规划与设计，保证构建的大数据

共享中心具有开放性。就目前而言，大多数图书馆构建的数字资源共享平台因为缺乏相应的技术支撑，在数据格式上存在一系列的问题，导致数据采集、数据整合具有独立性。

所以在此背景下，针对实际的情况，依据大数据技术构建标准化的资源建设体系，对后期数据资源的采集、存储、处理具有推动作用，可有效保证图书馆之间的共享与共建。其中可以将区域链技术应用其中，实现区域链与图书馆大数据共享中心的整合。应用区域链的块链式数据结构进行验证与存储，并通过分布式节点对数据加以计算，以密码的形式保证资源数据在传输方面的安全性。

除此之外，区域链与传统中心化方式存在着一定的差距，能够实现去中心化分布式账本数据库，保证每一个节点都能在同步的模式下将数据进行复制与共享，对此采取区域链+图书馆大数据共享中心的方式，可以为后期的获取资源与分享资源奠定基础，提供保障。

（二）制定开放性的合作共享机制

积极制定开放性的合作共享机制能够推动共享模式的有效开展，但是这种合作共享机制需建立在图书馆联盟的基础之上，在实现资源共享的同时可以加强对信息技术的应用，将各类文献、服务、人员等资源进行整合，以此形成合作模式，具有代表性的有中国高等教育文献保障系统等。从另一个角度分析，在图书馆联盟的有效推动下能够通过在线访问、在线下载等方式实现跨图书馆的传递。此外，借助区域链技术去中心化的基本特点，以众筹的方式构建全面的大数据共享中心，提高其开放性与合作性，必要的时候，图书馆还可以根据实际的发展情况积极地加入大数据共享中心，对共性数据进行整合，对个性化数据进行分享，这样在共同开发利用的同时也能够实现数据资源的整合与分享，促使图书馆逐渐朝着智慧化与共享化的方向不断发展与进步。

（三）构建数据分析系统

在构建数据分析系统方面，要做好对海量数据的分析与研究，借助分布式计算机、云计算等相应的计算平台，实现数字资源的整合，这样不仅能为图书馆的工作决策提供帮助，而且能满足人们基本的服务需求。

除此之外，利用数据分析系统能够严格按照读者的阅读喜好为其推荐相应的书籍与资源，提高服务的智能化，促使图书馆在闭环式管理模式下朝着良性循环的方向不断发展与进步。

（四）制定图书馆数字资源长期保存体系

积极制定图书馆数字资源长期保存体系能够实现对数字资源的控制，同时也是我国图书馆联盟面临的挑战。就目前而言，有非常多的发达国家已经从数字资源优先以及数字资源唯一等角度出发，构建了保存系统，在此背景下，我国相关政府部门应支持与鼓励制定图书馆数字资源长期保存体系，在推动图书馆数字资源共享的同时根据国情实现对数字资源的本土化存储与管理。当然，图书馆要明确自己的责任、义务与权利，积极融入其中，为推动图书馆数据安全以及数据存储的可行性贡献自己的力量，这样才能真正保证各项数据资源在我国本土得以长期存储，真正做到可用、可控。

（五）注重版权的保护

1. 完善版权保护体系

为更好地防范图书馆数字资源共享中的版权风险，图书馆还需要设法完善版权保护体系。该体系的建设可实现数字资源版权使用范围的扩大，图书馆需要在体系建设过程中不断创新数字资源授权模式，以此实现授权获得渠道的扩展，优化数字资源共享形式。通过对数字资源共享形式的优化，图书馆的数字资源建设可不断强化，图书馆间的互惠互利能够更好地实现，这也能给图书馆的珍贵文献长久传承和保存带来积极影响。依托多种版权授权模式，图书馆数字资源共享可有效解决图书馆的版权困扰，更好地强化图书馆间的合作，也能够有效提高数字资源利用率。

在数字资源共享实践中，图书馆需要不断推进数字资源版权保护体系的健全，版权管理需通过建章立制强化，相关制度需涉及图书馆用户及馆员，依托业务版权政策、版权管理条例、业务版权细则，各环节的数字资源服务操作规程即可有效规范，数字资源使用范围、复制方式、传播途径等也能够获得具体依据。通过制定用户指南和读者须知，即可监督指导用户的数字资源利用行为，管理员需要及时制止用户存在的数字资源使用不当行为，同时按照制度进行严格处理。

2. 更新版权保护技术

图书馆数字资源共享中的版权风险防范还应设法更新版权保护技术，借鉴业界成功经验，充分利用数字技术发展和创新提供的物质基础。对图书馆数字资源共享中的版权保护来说，图书馆不仅需要提高重视，而且需要提供技术层面的支持，并结合实际情况建立实用的版权保护模式，只有这样图书馆才能更好地参与到数字资源共享中。对国内外图书馆界来说，数字资源版权保护均属于受关注的焦点，这一保护也属于图书馆数字资源共享的重点内容，因此应借鉴国外知名图书馆的相关版权保护经验以及国内大型图书馆的创新性版权保护经验，更好地为图书馆数字资源共享扫平障碍。

结合近年来图书馆数字资源共享相关的法律纠纷案例，图书馆需积极吸取教训，在相关实践中规避类似情况。防火墙技术、数字水印技术、权限设置技术等属于图书馆常用的版权保护技术，但对数字资源共享来说，为保证这类技术效用的最大化发挥，图书馆需与相关技术提供单位展开深入合作，以此不断更新版权保护技术，并保证这类技术在数字资源共享中能够发挥积极作用，如依托防火墙技术和加密技术，图书馆即可在安全的网络环境下进行数字资源的采集加工，更好地在数字资源共享中发挥自身作用。

对于数字资源共享涉及的数字资源传输，图书馆需优选能够设置加密权限的传输软件，从而可靠传输各类数据。在用户服务过程中，图书馆可依托信息加密管理、授权访问管理、数字水印技术等方式强化数字资源版权保护，并引进专业人才与设备，即可更好地防范图书馆数字资源共享中的版权风险。

3.做好版权教育工作

除上述策略外，为更好地实现图书馆数字资源共享中的版权风险防范，版权教育工作的积极开展也需要得到重视。对飞速发展的图书馆来说，数字资源共享中涉及的采集加工、用户服务、资源传输等内容对馆员提出了一系列新要求，若存在版权意识薄弱的图书馆馆员，图书馆的权益将很难在数字资源共享中得到维护，很容易出现侵权行为，被侵权风险也会大幅提升。

因此，图书馆必须做好版权教育工作，保证每一名馆员均能够具备较强的版权保护意识，能够较好地参与到数字资源共享的版权保护中，且能够清楚辨别用户和自身的侵权行为，并合理运用法律法规维护图书馆的权益，从而使图书馆内部形成良好的版权保护氛围。

在围绕图书馆馆员开展版权教育的同时，还应关注对读者的版权教育。作为图书馆的服务对象，读者如不能对数字资源进行合理使用，数字资源共享同样会出现版权隐患。因此，馆员应通过口头或书面方式在读者使用数字资源时对其进行提醒，通过免责声明、版权声明等方式，指导读者合法利用数字资源，由此积极宣传数字资源版权保护的相关法律法规，即可更好地建设平等和谐、互利互惠的数字资源使用环境。

(六) 加强计算机网络技术在图书馆资源共享中的应用

1. 加强联机合作编目

联机合作编目是指在图书馆相互协同合作的前提下，共同创建一个书刊联合标准化目录数据库。这种方式可以避免重复建档浪费资源，又能提高数据库信息创建更新的效率。简单地说，假如某图书馆将一些资料上传到这个标准化目录的数据库中，其他关联图书馆就能随时查询下载此图书馆上传至数据库的信息资源、期刊文献等。联机合作编目能有效减少书目编目工作，也能使数据质量得到保证。现在，部分图书馆已经开始在传统文献书目编目工作中运用联机合作编目，并且逐渐发展成熟，更加适应读者需求。

总的来说，图书馆要利用现代化科学手段，运用发达的计算机网络技术，进一步实现数字资源的合理配置和共享，避免浪费，提高效率；全面优化与改进国内网络通信的环境，为图书馆实现联机合作编目提供物质基础和良好的平台环境。

2. 建设合作馆藏

网络是现代信息化传递的重要途径，数字资源通过网络进行传播，而合作馆藏是图书馆实现资源共享的基础。图书馆在建设合作馆藏时，应做好共享数字资源规划，实施联机合作编目；优化数字资源配置，实现对资源的高效管理，形成完善的数字资源文献体系与网络体系。

目前，虽然合作联机编目的技术逐渐趋于成熟，但由于图书馆之间的资源信息储备参差不齐，相互合作程度依然处于较低水平。这就需要增强图书馆的合作意识，加强相互之间的联系，利用网络传递丰富的文献资料，使大量读者的需求得到满足。

3. 以国际标准为基础建设馆藏资源数据库

图书馆的馆藏资源数据库建设应该向国际标准看齐靠拢，使用国际标准能够在未来与更大的国际性数据库联网时有效减少数据对接出现的兼容问题。图书馆应实现与国际接轨，扩大图书馆资源来源，建设更加立体庞大的馆藏资源数据库。如果图书馆馆藏资源数据库建设已经完成，应该以国际标准为标尺，通过计算机网络技术打通现有资源与国际标准之间的屏障，为未来可持续性发展和深化合作做好准备；如果图书馆馆藏资源数据库尚未建成，则需要严格执行国际标准，确保数据库资源规范化。

4. 实现网络化馆际互借

图书馆之间互相借阅可以大力提升图书馆服务性能，且明显降低馆藏投资成本，发挥各自优势，避免重复。在传统馆藏建设中，因为信息不对称，容易出现资源购置重复或空缺的情况，在资源共享前提下的现代化图书馆，开放化程度空前提高，能够满足读者多样化的阅读需求，使得数字资源进入良性循环，创造更高的社会价值。在传统形式下，各图书馆的信息系统差异化程度较大，成为合作的阻碍。为了打破这一发展桎梏，实现馆际互借，图书馆之间应建立合作伙伴关系，积极沟通共同制订可行性计划。在现代图书馆建设中引入计算机网络技术，实现网络化馆际互借，在提高服务水平的同时还能实现社会价值，创造经济效益。另外，图书馆可以开放数据库，通过搜索引擎、电子书库等方式快速查找资源。同时，还可以考虑设置馆际互借网站账号，为读者提供相关资源时合理收取费用，用以馆内日常维护、增添设备等。

5.加强计算机网络技术的应用

加强计算机网络技术在图书馆中的应用，可以采取以下举措：第一，积极优化网络拓扑结构与使用高信誉有保障的网络产品，调整系统架构，不断完善改进数字资源共享网络，保证资源的可靠性和稳定性。第二，对图书馆员工进行专业培训。图书馆工作人员的职业素质与工作能力直接影响图书馆的管理水平，因此，图书馆在共享数字资源的同时，还需要定期培训员工有关计算机网络的知识与技能，并制定相关绩效考核，努力提高员工素养，使期提升服务品质。第三，引导读者积极使用资源共享网络体系。图书馆应通过加强宣传、指导使用等手段，推广普及图书馆资源共享网络平台，提高读者自主查询使用资源共享平台的技能，从而提高共享资源利用率，最大限度地展现资源共享平台的优势。

第三节 大数据环境下图书馆数字资源建设的策略

一、大数据环境下图书馆数字资源建设存在的问题

（一）法律意识淡薄，知识产权问题成为瓶颈

数字化时代的到来使人们获取资源变得越来越容易，但是也带来了难以解决的知识产权问题，特别是一些网络平台产品的制作传播等活动涉及的版权更是难以保护。一些文献数字资源的存在和传播明显不符合我国关于版权的相关要求。在这种情况下开展图书馆数字资源的建设往往十分困难，图书馆和版

权方难以达成一致,甚至很多行业内部的人员都认为图书馆的数字资源建设就是对出版物的网络化处理,严重侵犯了他们的利益;反之,图书馆方面则会从自身利益出发,认为版权问题如果完全听任著作权人处理,那么知识的传播又会出现一定的问题。我国有关法律规定,想要使用作品必须获得著作权人的授权,然而数字资源建设却需要同时收纳大量的信息资源,想要逐个获取授权是一项大工程,这就造成了知识产权方面的矛盾。

(二)图书馆工作人员知识结构单一,整体素质较低

从现阶段来看,我国图书馆的数字资源建设之所以迟迟没能取得应有的效果,除了知识产权方面的原因之外,还受限于图书馆工作人员知识结构这个影响因素。图书馆工作人员的整体素质往往都有待提升,专业化技能也不太突出,在数字资源建设的过程中难以发挥应有的作用。而回顾过去我国图书馆的发展情况不难看出,图书馆工作人员的重要性一直被忽略,薪酬待遇也不够高,这使得数字图书馆高素质工作人员的引进成为难题,即使偶有引进的复合型人才也会由于待遇等问题离职。这直接导致了目前图书馆工作人员能力不足的问题,他们普遍不理解信息技术的使用方式,对计算机网络技术的认知也非常肤浅,无法为数字资源建设贡献自己的力量。

二、大数据环境下图书馆数字资源建设的策略

公共图书馆是人类文明发展的重要产物,也是传播先进文化的一个重要基底。各层级的公共图书馆是我国文化事业的重要组成部分,是人民文化、智慧、文化遗产的宝库,是文献资源中心。21世纪以来,为了传播社会主义文化,加强精神文明建设,满足人民群众日益增长的精神需求,公共图书馆也发挥了重要作用,它在传播和保存文化知识方面具有科研机构、文化机构所不能替代的作用,真正将文学渗透到了广大人民群众当中。

(一)注重培养图书馆工作人员的数字素养

1.图书馆工作人员应该具备的数字素养

(1)数字信息转换能力

数字信息转换是指对数字信息本身进行转换,即将数字信息表现形式转化为另外一种表现形式,如文本转换。在大数据环境下,数字信息驱动创新进程加快,图书馆需要实时处理各种数字信息形式。由于每个软件与数据库的存储形式是对应的,当软件随着应用的需求不断升级时,对应的数据库就不能满足

第五章 大数据环境下图书馆数字资源的建设

各方面的需求了，因此数据库的结构也要随之升级，同时随之转换的还有数据库中的数字信息格式。在现代智慧图书馆中，图书馆工作人员应具备这样的数字素养：在短时间内实现图书馆馆藏数据库的数字信息表现形式统一化，使图书馆日常经营、储备馆藏、开发利用、资源推介等活动有序进行。

（2）数字信息可视化能力

数字信息可视化就是把数字信息转化为包括数字信息的形式、形状、色彩的可视图形，人们通过视觉冲击，感受到其中大量的数字信息，然后快速地获取、理解并高效地利用这些数字信息。数字信息可视化能够很好地表达数字信息包含的信息内容，更重要的是它还能够把握数字信息的价值所在，这是研究的主要目的。就图书馆而言，数字信息可视化技术相对于其他技术而言，对图书馆决策层的战略决策更具有独特的优势，而这也是图书馆工作人员的职责所在。因此，在大数据环境下，图书馆工作人员的数字信息可视化能力应作为评价其数字素养的重要指标之一。

（3）数字信息归类能力

由于区域经济发展不平衡以及科技水平发展具有相对制约性，在如今的大数据环境下许多图书馆并没有运用云存储、云安全、云服务、移动互联网、物联网等高新技术，由此面临严重的数字信息存储问题。随着社会的不断发展，新型巨量的数字信息会越来越多，如果再堆积到存储旧数字信息的数据库中势必会使数字信息更加杂乱无章，从而得不到有效运用。虽然现在的硬盘存储设备成本越来越低，但这解决不了本质问题。对于此类问题的解决办法就是将数字信息进行归类，这不仅需要专业人员有数字信息分类、整合、聚类的技术能力，还要有数字信息的分类决策等综合能力。

（4）数字信息关联与数字信息边界能力

在大数据环境下，数字信息种类的多样化以及形态的不确定性使得图书馆对一种数字信息的挖掘已经不能解决当前数字信息驱动创新面临的所有问题，而数字信息关联及梳理能够在一定程度上帮助图书馆走出这样的困境。数字信息关联原本是从目标跟踪中引出的问题，即数字信息匹配问题，其更多用于数字信息的融合技术中。对图书馆而言，图书馆工作人员通过对不断变化的数字信息源和图书馆竞争环境信息进行监测，检查监测的数字信息是否为图书馆数据库中已有的资源信息，如果是新出现的数字信息资源，则将之扩增至图书馆数据库中。这一多源数字信息的关联过程也是数字信息融合的过程。处于竞争环境下的图书馆需要将不同时空中的相关数字信息进行感知和关联，同时将图书馆中的局部数字信息与整体数字信息相匹配，进而获取更具价值的数字信息。对数字信息边界的理解，学者大都从认识维度来诠释，维度不同，群体所关注的数字信息也有所不同。每个行业都有自身的边界定义，图书馆工作人员要将数字信息的边界定义在什么样的范围才能使资源信息的产出更有利于支持图书馆高层决策，这也是其数字素养的体现。

（5）数字信息应用能力

数字信息应用能力是图书馆工作人员数字素养的外在表现，包含在其他要素中，不论具备什么样的数字信息能力，最终都要通过应用表现出来。图书馆工作人员在图书馆竞争的实践活动中，利用数字信息的重要目的就是将其提供给数字信息需求人员，并且辅助此类人员对数字信息进行应用。只有经历了数字信息应用的过程，才能最终体现出图书馆工作人员的价值，使工作人员的数字素养得到不断的提升。

2. 提升图书馆工作人员数字素养的策略分析

（1）全面性思想策略

图书馆在大数据环境下的资源信息产出，需要图书馆工作人员和图书馆对数字素养有四个方面的全面性把握。首先，图书馆工作人员应全面明确自身在图书馆中的职能地位，提升和发展自身在信息服务实践过程中的数字信息敏感能力；其次，图书馆要全面推行工作人员数字信息活动制度建设，规范工作人员的数字信息行为；再次，图书馆工作人员要全面把握大数据时代每一个细微变化所反映的数字信息价值，为图书馆创造财富；最后，图书馆应根据战略发展的需要全面调整图书馆工作人员的数字素养培养结构，主动迎合大数据环境的发展。

（2）转型创新思想策略

博采众说、把握多极、允中谐协、知权通变是转型时代的管理学思想，这应该成为图书馆工作人员提升自身数字素养的指导思想。这些创新策略包括：以开放的态度采集、理解一切与图书馆发展有关的数字信息；从共享的数字信息中分析出有利于支持图书馆发展的数字信息；研究这些数字信息存在的价值；加强对人际沟通能力的运用，与竞争对手及内部各部门之间相互学习，协同创新；在创新的环境下，结合图书馆的实际情况和组织文化，将有价值的数字信息运用到实践中。因此，培养图书馆工作人员的转型思想，有利于提高数字信息利用的效果，也有利于实现数字信息的价值。

（3）竞争思想策略

在大数据时代，由于数字信息的不断扩容，迫切需要一批能够及时挖掘数字信息价值的人才。图书馆工作人员在日趋激烈的竞争环境中要有"适者生存"的竞争意识，要积极应对所处的环境，不断地学习新的数字信息知识和数字信息技术，发挥数字信息带来的创新力，努力把数字素养提升到更高层次，创造不同于竞争者的核心竞争力，将自身的数字素养转化到提升图书馆的效益上来。

（4）基于国情的策略

当前国家大力推动创新驱动发展，实施"互联网+"计划和"国内国外双循环"的大数据战略，目的是发展数字信息共享经济，发展新的经济模式。图书馆工作人员应抓住这一政策机遇，适应时代要求，在数字信息共享的环境中，将其他数字资源与图书馆数字信息结合起来分析，明确自身在数字素养上存在的不足，主动实践、学习、吸收、归纳，全面提升自身的数字素养。

（二）加强图书馆数字资源整合

1.图书馆数字资源整合的目标

在大数据背景下，图书馆数字资源呈指数级增长的趋势，数字资源的类型以及来源也不断扩展。数字资源整合是指通过平台的整合，在数据整合的基础上实现技术、平台以及服务的整合，最终目的是提高图书馆数字资源的共享程度以及利用率，从而为读者提供更加优质的阅读服务。总体来说，图书馆数字资源整合的主要目标有以下几点。

（1）提高数字资源之间的衔接性

在大数据环境中，在云计算、物联网以及各种信息技术的推动下，数字资源正逐步增长，且不同类型的数字资源在应用中出现了不同的特征。在信息时代，如何利用信息并让"信息说话"是图书馆改革需要解决的重要问题，只有这样才能使数字资源创造更多的价值，而核心在于数据的处理与分析。图书馆通过数字资源整合，能够利用数据挖掘技术从中获取有效信息，从而通过数据之间的内在关联将其联系在一起，解决"数据孤岛"问题，实现所有图书馆数字资源之间的有效衔接，从而让数字资源创造更多的价值，为数字资源的开发与利用提供良好的基础。

（2）关联分析

大数据时代强调的是相关性联系而不是因果关系，关联分析主要是通过信息之间的相关性寻找其中的规律。关联分析技术自提出以来，就受到了信息行业的广泛关注。图书馆在数字资源整合的基础上应用关联分析能够对自身业务进行进一步的分析，包括读者的行为爱好、借阅习惯、图书资源利用率等方面的相关性，发现图书馆现有服务中存在的问题并提出相应的解决措施。同时，图书馆也可以对读者需求进行关联分析，从而为读者提供更加个性化的服务，提高读者对图书馆的满意度。

（3）有效信息提取

有效信息提取是指从图书馆海量数据中挖掘出新颖的、有用的数据。在信息时代，有用的信息就是财富。如何从图书馆庞大的数字资源中挖掘有效信息，并将其转化为推动图书馆发展的动力是目前图书馆需要解决的问题之一。图书馆数字资源整合是在现有图书馆数字资源的基础上，通过与其他图书馆的合作，将文献数据库、学术数据库、学科分类表以及单位科研库等进行整合，并利用大数据技术对整合之后的数字资源进行分析，深入发现数据背后隐藏的有效信息，从而帮助读者快速寻找自己所需的文献或期刊，提高数字资源的利用率。

（4）创新服务模式

图书馆的服务质量关系着图书馆的可持续发展，创新服务模式、提高服务质量是现代图书馆改革的重要目标。在数字化技术的推动下，图书馆服务从最早的文献服务转变为信息服务，读者的需求也发生了较大的变化，向着更加多元化的方向发展，推动图书馆服务模式不断进步。图书馆数字资源整合的最终目的是为用户提供更加有价值的数据服务。

2. 图书馆数字资源整合的具体内容

大数据技术不局限于随机样本，而是注重全体数据的处理与分析。在大数据技术的支持下，我们拥有更高的数据处理与分析能力，大数据的应用价值也日益突出。从时间角度来看，图书馆数字资源整合需要一定时间的积累，主要对象包括图书馆现存数字资源以及未来的数字资源；从区域空间来看，包括不同地方图书馆保存和收集的数字资源以及图书馆运营过程中产生的用户数据和行业数据等。由此可见，图书馆数字资源可以与其他公共机构进行数字资源整合，如博物馆、档案馆等。

3. 图书馆数字资源整合的有效策略

（1）转变传统观念

大数据时代的到来不仅仅带来了技术上的变革，还需要人们改变传统的思想观念，将一些看起来无用的数据结合在一起，从而挖掘其中潜在的有价值的信息，成为现代社会发展的主流趋势。随着大数据技术在各行各业的推广应用，该技术成为图书馆数字资源整合的重要支持。

对图书馆而言，首先需要处理好数字资源保护与利用的问题。图书馆作为提供知识信息服务的公共机构，拥有较多的信息资源，且目前主要是以开发利用为主。在信息化建设过程中，图书馆虽然注重数字资源的共享，但是仍旧没有实现全面开放。在大数据时代，数据成为一种重要的资源，数据公开成为主流趋势。图书馆需要顺应时代发展的趋势，平衡数字资源保护与利用之间的关系，提高数字资源开放程度，从而提高数字资源的共享程度与利用率，解决"信息孤岛"的问题。

（2）改进技术

要想推动数字资源整合，需要图书馆不断地改进自身的技术。近些年来，随着图书馆数字资源的不断增长，数据规模、增长速度、数据种类、模型不确定性、处理与分析难度、资源采集、储存、保存方法以及安全保障等方面都出现了新的问题，这就要求图书馆不断提高自身的技术水平，从而更好地应对大数据的发展，进一步克服网络带宽限制，提高整理效率，确保数据的质量。

（3）关注经济效益

数字资源整合能够解决重复建设、分布分散、垃圾数据多且挖掘速度慢的问题，能够提高数字资源共享程度和利用率，对图书馆的发展具有积极影响。但是图书馆数字资源整合不是一朝一夕就能完成的，需要投入大量的人力、物力、财力，成本高，因此需要综合衡量图书馆经费投入，注重经济效益，包括费用的合理分摊、成本的合理控制等。经费不足是目前图书馆数字资源整合发展中存在的主要问题，需要争取更多的财政补贴，从而推动数字资源的有效发展。

（三）优化图书馆数字资源馆藏保存

文献生存能力的非永久性、信息获取需求的连续性、数字资源保存的高成本、数字采购资源的资产管理要求，不得不使图书馆考虑其战略问题、未来发展问题。数字资源的遴选、组织和使用，从一开始就要考虑可持续的保存与服务，资源保存不单是技术问题，而且是机构长期可持续提供信息服务的基础。从前面的分析来开，有必要参照印本馆藏的保存与服务方式，构建图书馆数字资源的馆藏体系，从工作原则、资源获取、技术架构三个方面来思考数字资源的馆藏保存策略与服务方式。

第一，数字资源馆藏保存的基本原则。我国图书馆可参照其他国家图书馆的做法，建立"图书馆数字资源馆藏保存政策"，确定数字资源馆藏保护、本地保存、自主可控的原则：①认识到数字资源保存对历代人类的历史、技术、科学、社会、政治等的巨大价值；②要求对具有国家意义的数字资源制定特殊的存储、安全、处理和复制条款；③规定数字资源的保存责任通过恰当的行动计划予以声明；④明晰数字资源的馆藏资产管理要求，制定馆藏文献资源馆藏寿命、专门保护措施、复制保存的标准，将损毁降到最低；⑤明确数字资源的保存应以方便科技人员的获取为根本宗旨；⑥以尊重原始数字资料的完整性为前提。

第二，数字资源馆藏内容获取、服务权益获取方法。笔者建议通过以下方式解决重要数字资源馆藏的本地化问题：①在国家许可的集中谈判中获取到数字资源本地化权益。国家协议既能降低总体投入和平均使用成本，又能有效并可靠地获取所购资源的本地保存权益。出于市场占有率的考虑以及采购方要求长期可获取的压力，一些出版商不得不转让部分资源的本地保存权利。②在电子资源订购协议中增加图书馆对永久访问的电子资源内容的本地保存和使用权利，或者单独制定电子资源采购标准化许可模型，必要的时候考虑增加一定的经费投入。③开拓与多机构的数字资源保存和服务合作模式，寻求图书馆之间、图书馆与科研机构之间的数字资源联盟，从而把特色数字资源纳入图书馆本地馆藏系统。④制定"馆藏数字化规划"，规定馆藏文献资源数字化对象（如仍有研究价值的过刊、图书、科技报告等）、范围、数字化方法、数字化成果的利用，"在线保存"永久访问资源（如回溯数据库、采购协议中约定为永久访问的内容、开放资源等），"近线保存"获得光盘或裸数据的文献资源，"离线保存"只获得访问权的数据库、数字化的印本资源。⑤图书馆积极承担中国呈缴制度中有关数字出版物的保存工作，或者发布图书馆捐赠指南、以支付补偿金的方式，调用非政府机构和用户捐赠的积极性。这里，要与呈缴者、捐赠者明确所捐赠资源的可利用性。

第三，数字资源馆藏保存的技术架构。构建数字资源馆藏保存系统不是难事，其中，需要关注的是数字资源的国家网络化、分布式、多层次的本土保存技术框架：①制定与图书馆主体服务系统数据格式一致的数字资源保存技术标准。②实施分层、分阶段的数字资源内容保存策略。优先实施国家需要重点保障的全文资源本地保存，首先实现具有"永久保存"权利的资源、缴存资源的本地保存，主要实现资源内容本身的本地保存而不主要保存其原来的资源访问环境。③建立"以国家级图书馆为主存储中心，科研图书馆和高校图书馆为特定领域存储分中心和备份中心、异地灾难备份中心"的数据集聚式保存网络，充分调动多方力量，尽快达成中国数字资源本地保存和服务的目标。④建立数字资源灾害防范与应急响应机制。除了《国际图联灾害预防手册》中提出的图书馆灾害防范与应急内容之外，中国图书馆也需针对国外的"卡脖子"行为采取数字资源保障应急服务措施，如把"离线保存"数字资源的使用方式调整为

"近线保存"或"在线保存"的资源服务方式。

（四）通过多种形式进行文化展示

在文学资源的数字化建设当中，如秦皇岛图书馆，在开辟文化资源传播的新形式基础之上，首先根据其地区具备的旅游文化特色，在图书馆内设置了风光旅游展览墙，然后通过科技化的荧幕展示当地的风景名胜和独特的旅游文化。同时，秦皇岛图书馆还经常举办大范围的旅游摄影展览活动，营造浓郁的旅游氛围，通过这种带有浓厚地域风情的传播方式，进一步地将地域文化呈现在更多民众面前。长春图书馆则建立了以国际友好城市为主题的文化宣传长廊，将本省市与各大友好城市之间的资料和文化内容通过视频、图片的方式进行了展现，给广大民众提供了更好的交流展示平台。其他图书馆在进行数字化建设的过程中，也应该积极通过各种形式开展丰富多彩的文化传播活动。

（五）大力开发图书馆的网站服务功能

要想进行数字资源的开发建设，首先应该充分发挥当代社会背景下的先进网络传播优势，在建设的过程中，重点突出知识信息、网络读书的特点，让网络化的图书馆可以在原先的传统文化背景中得到更加明确的定位和革新。其次，还需要有专业的网络技术人员优化图书馆的软硬件服务设备，采用多种类的网络服务方式，比如可以推行手机 App 模式的网络借书、查询资料文献、上传文学资源等个性化的服务方式。再次，可通过图书馆 App、新媒体、网络交流软件等多种途径对图书馆的新资源进行发布、通知、宣传，还可以开展专题化书展、读书征文、知识竞赛等文学活动，进一步活跃广大民众的读书兴致，同时可以极大地提高图书馆网站的影响力、宣传力。最后，为了进一步增强图书馆的学术性、专业性和教育性，可以通过网络联合国内各个图书馆、网站，收集各种数字化图书、期刊文献等，整合到数据库中作为联合化、专业化的知识咨询、参考，通过全国多地区联网化的建设来实现文化传播。

（六）推广网络化的阅读方式

1. 大数据匹配线上阅读推广受众群

在互联网时代，用户数据的潜在价值日益凸显，图书馆可通过大数据技术实现对服务数据和用户数据的深度挖掘、分析，全面、客观、快速地了解用户的阅读需求，为优化线上阅读推广提供科学依据，在提高阅读推广的有效性和普适性的同时，实现阅读推广的精准化、个性化，这是大数据时代线上阅读推广的必然要求。

第一，图书馆应建立完善的线上阅读推广评价体系，通过后台对每项线上服务的阅读量、在看量、点赞量、观看时长、信息被分享的次数、留言等详细数据以及每项活动导致的粉丝增减趋势和数量进行多维度的数据统计和分析以评估活动推广效果，并结合读者的身份属性了解各类用户群对不同的推广服务的关注程度，及时调整线上阅读推广策略。

第二，图书馆可以在实现用户身份认证基础信息共享的前提下，搜集、分析该用户在微博、微信、阅读类App等平台以及其在图书馆借阅系统中的浏览主题、阅读评论、搜索关键词、借阅记录等阅读行为数据，按年龄、专业、阅读喜好、阅读需求等属性标签进行分组，为其匹配内容相当的书单、直播、展览、数据库资源等，实现线上阅读推广服务的精准投放，以确保传播效果最大化。

2. 创新策划，提升互动性

现代社会快节奏的生活方式以及互联网技术的发展导致公众碎片化阅读和移动端阅读趋势愈加明显。图书馆应在线上阅读推广活动的主题宣传、呈现形态和传播方式的策划上进行创新，激发公众的新奇感和对阅读的兴趣，并令其更符合网络用户的阅读习惯和阅读需求。

第一，针对碎片化阅读问题，采用内容营销策略有利于吸引用户的注意力和兴趣，可考虑结合热播影视剧、当下的社会、文化、生活、情感方面的热点话题或是以具有纪念意义的时间节点为契机，挖掘相关书籍内容，作为线上阅读推广策划主题的着力点。

第二，过程的娱乐性和参与感已经成为大众最重视的阅读体验之一。以太原市图书馆为例，其"有声有色"阅读推广秀号召市民录制读书视频、戏剧表演视频、诵读音频上传至网络分享阅读体验，活动呈现形式是时下正火的小视频，传播模式是多向交叉互动新模式，既可满足年轻用户对新潮好玩的生活方式、个性化展示以及获取公众关注度的需求，还能激发其他网络用户的阅读兴趣以及创作灵感，利用社交平台吸引更多的人参与到活动中来。社交网络背景下的读者既是活动内容的受传者，也是生产者、发布者，这样的创新形式将参与阅读推广活动的过程变成了一个不断和他人分享、互动的过程，活动参与率与影响力大幅提高。

3. 线上阅读社群引导"深阅读"

搭建一个以领读者和阅读者为成员，集阅读、评论、分享功能为一体的线上阅读社群，可激发该群体的持续性阅读和积淀式思考。领读者队伍由图书馆业界的专家、资深阅读推广人、专业书评人以及相关学科领域的专家组成，通过撰写书评推荐好书，开展共读、阅读话题讨论和阅读比赛等活动激发社群用户的阅读积极性，培养其深入思考和持续阅读的良好习惯。

对社群用户来说，阅读不再是一件难以坚持的事，参与者通过领读者的分析可加深对书籍的理解，继而发表评论、分享、交流阅读体会，这些又会令其获得关注，不但能助其摆脱个人阅读的孤独感，还可使其与其他读者形成思想上的碰撞、交流，促进阅读信息的传播。采用一定的激励机制如积分制可提升用户的活跃度，用户通过登录账户、积极参与阅读、发表书评，发起话题或活动、回复留言、被点赞以及跨社交平台分享都能得到积分，累积到一定数量可兑换电子书资源或物质奖励；鼓励用户生产优质内容，如被评为精华书评会被置顶、推荐，发起的话题引发热烈的讨论都可激发用户阅读的内在动力和积极性，引导用户跨平台扩散又可影响更多的群体。阅读社群通过适当的激励机制、良好的互动活动等引导读者，激发"浅阅读"读者的阅读热情，将"浅阅读"引入"深阅读"。

4. 依托创新科技引领阅读服务发展

以科技带动文化发展，发展新型文化业态，促进传统产业转型升级等已经进入国家顶层设计层面，成为深化文化体制改革、推动社会主义文化大发展大繁荣的重要战略。国内博物馆在运用虚拟现实技术（VR）、增强现实技术（AR）、人工智能技术（AI）等新技术，开发虚拟化博物馆物品展示平台，探索数字化博物馆建设等方面表现出众，通过新媒体技术使观众全方位沉浸式地欣赏、了解文物藏品及其蕴含的文化信息，广受好评。

图书馆拥有大量的特色馆藏，如甲骨文献、竹简帛书、金石拓片、牒谱舆图、善本古籍，以及老照片、老唱片、名人手札等，具有很高的观赏价值，但因为保护的需要，很少有机会对外展示。

图书馆应向博物馆学习，应用新媒体技术对馆藏资源的呈现和共享方式进行改革创新，打造全新的数字阅读产品，提升资源展示的趣味性和交互性，尝试实现阅读体验的场景化，创造沉浸式的阅读体验，如通过语音解读、3D模型、AI互动、VR全景等使受众通过听觉、视觉、触觉等全面、直观、深刻地了解馆藏资源，切实增强其对受众的吸引力，实现阅读环境和服务的智能化发展，提升阅读推广服务的效果。

（七）构建数字资源的保障体系

1. 落实国家层面的信息资源建设总体设想

国家对信息资源建设已有总体设想，"要加强顶层设计和系统规划，完善制度体系""加强信息资源规划、建设和管理。推动重点信息资源国家统筹规划和分类管理,增强关键信息资源掌控能力。完善基础信息资源动态更新和共享应用机制""建立公共信息资源开放目录,构建统一规范、互联互通、安全可控的国家数据开放体系,积极稳妥推进公共信息资源开放共享""加强采集管理和标准制定,提高信息资源准确性、可靠性和可用性"。

目前,急需贯彻落实国家层面的信息资源建设总体设想,增强各单位的责任感、使命感和紧迫感,加强各区域、各单位、各部门之间的密切联系和统筹协作,切实解决信息资源建设过程中的"难点"和"痛点",能拿出应对方案,积极推动各项信息化政策的执行与落实。

2. 组织落实管理体制改革

早在1957年就有《全国图书协调方案》,在国务院科学发展委员会下设立"图书小组",进行统一管理,北京图书馆(中国国家图书馆前身)和上海图书馆为第一、第二中心图书馆,在协调中发挥了很大作用。一些知名的图书馆学专家积极参加,主要负责采集资源分工、资源调拨,如北京图书馆侧重于外语文献、一般科技文献的收集,而中国科学院等则收集专门的科技文献。北京图书馆负责编制各类型书刊的联合目录,制定标准、规范,开展馆际互借、干部培训等,掀起了图书馆事业发展的一个高潮。

因此,数字资源保障体系重构,目前最重要的是组织、落实管理体制改革,设立管理机构。建立跨系统、跨部门、跨学科、跨地区的全国统一的"信息资源管理协调机构"(常设机构);或在中央国家安全领导机构下设立专门机构,或在国家网信部门的基础上扩大权限,不论什么名称,关键是要常设机构或建立联合协调机制。除行政领导外,专家委员会至关重要,要有专家委员会(包括学者、图书情报专家、技术专家等)和具体办事机构。下设各系统的联盟、地区中心和基层单位,应统一规划,联合保障,分工、分类、分级保障。

3. 建立并完善"上下互动"的运行机制

第一,国家统一摸清数字资源现状。长期以来,我国信息资源开发利用不足与无序滥用的现象并存。我国幅员辽阔,各区域信息保障体系发展不平衡,资源配置失衡,调查能力参差不齐,不利于资源调查工作的展开。要想避免因工作能力和特点的差异造成的波动,需要从国家层面出发摸清现有数字资源,并统一规划开放的各类联合目录、分级目录的编制等工作,以便后续各个体系联手展开工作,提高总体效益。

第二,每年定期召开全国数字资源订购协调会议,扩大资源种类,减少不必要的重复。现存数字资源数量多、种类杂,各领域、各学科对范围内资源重要性的判定莫衷一是。各单位应联合专家，对数字资源进行分类。公共性、综合性、基础性数字资源，即三大系统或面向全国读者的一些资源，应由国家统一评选、采购，实行"国家许可"制度，以最大限度地节省经费。而非公共性资源，各系统、各部门、各图书情报机构所需要的个性资源仍然需要采集。要明确资源建设不仅是本单位的事情，更关乎国家战略的发展。针对各单位某些特色资源，也要落实分工负责的原则。

第三，加快制定数字资源揭示的各类标准、规范。对数字资源建设而言，统一标准、规范的缺失是急需解决的问题。尽管基层单位不断出台各类规范，但工作量大，效率、质量得不到保障。我国信息资源建设人才济济，关键要分工负责、合理规划、确定目标、选好或制定各类标准，从而让各馆、各体系快速找准自己的位置，规范工作流程，发挥整体优势。

第四，采集统一的数字资源利用数据。数据不仅关系到第二年的采购决策，也关系到科技文献、学者、期刊乃至大学的评价等。

第五，统筹使用数字资源经费。随着数字资源发展的日益成熟，数字资源使用量不断提高。数字资源建设要求长期可靠的持续服务，但网络使用权模式时刻威胁着数字资源使用的可持续性。因此，国家要统筹划拨经费，将OA论文发表经费与订购经费进行合理预算，统筹使用数字资源经费，统一实施对公共性、综合性、基础性数字资源的长期保存和利用。专业性、地区性、特色性的数字资源仍由各单位长期保存。要明确长期保存的责任，促进流程推进和技术完善，提高长期保存率。

第六，建立统一数据安全应急预警、处理机制等。重构数字资源保障系统，必须把数据安全放在突出位置，制定对敏感的数字资源和利用数据的信息的保护办法，定期发布"掠夺性数字期刊""伪劣数字期刊"或网站、数据库的预警目录，对重大数据安全事件及时调查处理，健全相关法律法规，不断提升数据安全意识和能力。

（八）完善数字资源指标体系

在大数据环境下，完善数字资源指标体系也可推动图书馆数字资源建设，其作用包括以下几个方面。

第一，可以客观地评价数字资源的内容。通过数据库中包含的技术信息、核心期刊和更新频率来评价数据库是否满足图书馆用户的需求、是否为相关数据库、是否适合购买或更新。

第二，有助于了解用户需求，提高数字资源利用率。通过使用数字资源的统计报表可以了解到用户对数字资源所涵盖的主题、文献类型和软硬件环境的需求。通过分析数字资源利用情况，可以调整图书馆资料建设的方向，调整资源结构，推动图书馆检索、咨询、培训等服务的发展，使数字资源和服务更好地适应用户的需要，以提高数字资源的利用率，减少图书馆资源的使用。

第三，有助于图书馆完成对自身秩序的评价和科学管理。数字资源是图书馆的重要资源，因此，数字资源评价也是图书馆整体评价的重要组成部分。在对数字资源进行有效评价的基础上，完善数字资源评价指标体系，能够为图书馆整体评价提供真实客观的依据。

第四，明确了图书馆数字资源的重叠与互补关系。在完善的数字资源评估指标下，我们必须保证特定的资源与数字资源之间存在重叠与互补的关系。如果一种资源被大部分图书馆所需，那么需要大量重复的资源，这意味着区域集团的采购减少了认购和工作成本。如果只有一家图书馆购买了某种特定的书籍资源，但其他图书馆需求较少，在这样的情况下，我们就可以通过文献的传递来满足少数读者的需要，形成相互补充的资源，从而节省采购资金。

第六章　大数据环境下图书馆文献信息的检索

随着大数据时代的全面来临，每一个行业、每一位个体都面临着前所未有的机遇与挑战。图书馆作为文化传播的重要阵地，知识服务和日常管理工作必须结合自身实际与时代发展变化进行调整和创新，积极利用先进的信息技术切实提升文献信息检索服务质量，加快推进图书馆管理服务现代化。本章围绕文献信息检索概述、图书馆文献信息检索的功能、大数据环境下图书馆文献信息检索的技术三部分展开，主要包括文献信息检索相关定义、节省功能、常见文献信息检索技术等内容。

第一节　文献信息检索概述

一、文献信息检索相关定义

在近代，文献被认为是具有历史价值的文章、图书以及其他重要资料。而到了现代，互联网技术飞速发展，非纸质信息得到广泛传播与使用，一切记录人类知识和信息的载体都被学者视为文献。

在《现代汉语词典》中，检索指采用一定方法和技术手段，根据一定线索和规则，在特定信息集合中找出需求的信息。现阶段的文献信息检索主要通过计算机技术来完成，因此广义的文献信息检索还包括信息存储过程，即根据特征与内容对大量无序信息进行分类、标引等处理，使之形成具有检索功能的文库或系统，以供人们使用。

基于此，结合图书馆实际情况以及当今互联网技术发展的背景，亦可将图书馆服务中的文献信息检索定义为，读者根据学习与工作的需要，以计算机技术为手段，采用一定的方法，利用已经组织好大量信息且具有检索功能的数据库来获取图书馆典藏图书、期刊、报纸、政府出版物等信息内容。

二、文献信息检索的重要地位

第一，文献是贮存情报的基本载体，依靠文献传递，文献信息检索是图书馆开展科学情报工作的主体部分。第二，图书馆馆藏文献丰富，基于电子手段的文献信息检索为读者提供文献资料，是现今图书馆服务最主要的方式。第三，文献信息检索的查准率与查全率是评价图书馆服务质量的重要指标，反映着图书馆情报服务水平与能力的高低。第四，文献信息检索具有较强的学术性与技术性，与图书馆情报工作密不可分，呈一体化，关乎图书馆未来的建设与发展。

三、文献信息检索常用方法

文献信息检索的方法众多，并没有固定的检索规律可循。不同的人针对不同需要进行文献信息检索，采用的检索方法各有不同，与检索者个人知识结构、认识问题的方法、对检索工具的熟悉度、既往检索经验与习惯等多种主观因素有关，并且受检索工具、检索时间等客观因素的影响。常用的文献信息检索方法如下。

（一）顺查法

顺查法是指查阅者依照时间发展的顺序，由过去到现在地利用检索系统对需要的相关文献信息进行检索的方法。检索者通过这一方法能够对其需要的某一课题的系统文献进行收集，通常该方法是在检索者需要的课题文献信息量相对较大、新开课题或是申请专利查新时运用的检索方法。

例如，检索者已知某课题的起始年代，而现在想要了解其从起始年代开始的发展历程，即可采用顺查法从该课题的起始年代逐渐向现今进行查阅。顺查法的优点是误检率以及漏检率均相对较低，但其所需要的工作量大。

（二）倒查法

倒查法与顺查法相同，也是基于时间进行文献信息检索，只是检索顺序是按照由近及远，即文献由新到旧的逆向顺序进行的。另外，不同于顺查法的是，此法将检索重点放在了近期文献上。通常情况下，检索者检索到可以足够满足自己需求的文献以后，一般不会继续检索至课题研究的起源。这样获取的文献可以概括课题前期研究成果，较好地反映课题最新研究水平与研究动向，十分适用于新课题立项前的调研。其优点在于可以快速获取新资料，但是漏检率相对较高。

(三) 循环法

循环法是顺查法或倒查法与引文法相结合的文献信息检索方法，也称追溯法。此法在常规检索的基础上，利用已经查找到的文献后所附的参考文献进行追溯检索。检索者先通过顺查法或倒查法获取一批文献，然后再以文献末尾的参考文献为线索逆向查找，如此往复，直至满足需求。此法操作相对烦琐，但是获得材料全面、系统，且具有更强的关联性。另外，由于参考文献具有局限性，此法也可能出现漏检情况，进而影响查全率。

(四) 抽查法

抽查法指检索者根据课题特点，利用检索工具，选择一个课题相关文献信息较为集中的时间段，对需要的文献资料进行重点检索。此法适用于在某一个阶段研究频率高、热门且突出的课题，或者是在某一个阶段发展十分清晰、有明显高潮的课题。其优势在于，检索效率高，可以花费较少的时间查找到较多有价值的文献。不过，此法也需要检索者对所研究课题的内容及发展史有一定的掌握和了解，否则影响检索时间段的定位，从而影响查准率与查全率。

(五) 其他方法

直检法指检索者直接对有需求的信息进行检索，然后追踪原始文献，浏览后获取所需文献信息。此法适用于文献信息少或是没有电子信息检索工具的情况，相对费工费时，现已少用。排除法指在时间和空间上对查找对象的客观情况进行否认，可以有效收缩检索范围，提高检索精准度。限定法指在时间和空间上对查找对象的客观情况予以肯定，并在此基础上进一步扩展检索，以丰富检索信息。

第二节 图书馆文献信息检索的功能

一、节省功能

现阶段，多媒体技术飞速发展，引领人们进入知识爆炸时代，文献资料数量庞大，存储着大量的情报信息，这为人们阅读及从事课题研究等提供了充足的资料准备，但同时也与社会需要之间产生了突出矛盾，如何快速有效地从大量文献中获取有价值的情报信息是需要解决的问题。文献信息检索在图书馆服务中的应用，为阅读者获取文献信息带来了极大的便利。通过文献信息检索，阅读者可以快速有效地查找到自己需要的书籍和资料，大大缩短了阅读者获取信息的时间，减少了阅读者的精力投入，有利于提高阅读效率，促使阅读者的人力与时间发挥最大效用。

二、交流功能

文献信息检索的应用可以促进文献情报资料的交流，这种交流以阅读者的需求为前提，是一种有目的性的、有渴求性的信息索取与交换，而非简单的借阅流通。通过文献信息检索，文献情报资料的交流频率与效率得到提高。不过，文献情报资料的交流要高于信息的一般流通性质，这也要求文献信息检索必须充分考察阅读者的查询心理与求知愿望，并据此建立可以满足阅读者的求知欲与检索需要的数据系统，同时不断研发和创新检索方法或快捷检索方式，为检索者提供更为灵便的交流方法，从而进一步加快文献情报资料的交流速度，提高信息交流效果。

三、优化功能

图书馆馆藏文献十分丰富，情报信息量很大，而且这一容量是动态增长的。有研究显示，当今世界文献量激增，特别是科技文献的数量，每十年甚至更短的时间，就会增加一倍。

从目前来看，尚无可以存装全部文献资料的工具，文献信息检索的载量虽然很大，但也是有限的，不过其内容却是经过了整理、分类、标引等优化处理后所保留的目录、索引、摘要等精髓。文献信息检索为检索者提供文献资料信息，是具有一定理论深度或者创新意义的，可以避免检索者面对文献的海洋时毫无头绪、低效地检索一些与需求无关的信息，能够帮助检索者开阔眼界、丰富思维、提高层次。

四、启示功能

知识是相对独立的，却也是一个共同体，内在联系与相互融合是知识的基本属性。文献资料中的很多情报常常交叉存在于多学科中，只是在不同学科中涉及深度及广度有所不同。通过文献信息检索获取情报信息，情报信息会在检索内容上深刻地反映出来。图书馆服务提供的文献信息检索，检索的数据情报都是具有关联性的，而非孤立的死的知识。

第六章　大数据环境下图书馆文献信息的检索

因此，当我们通过文献信息检索去收集资料信息时，检索提供的相关联的情报会促使我们从不同角度思考问题，或是促使我们变更观念，引导我们发散思维、多方思考、深入研究，从而不断提升个人水准。

综上所述，文献信息检索是图书馆开展情报工作的主体部分，也是图书馆服务的最主要方式。文献信息检索的方法众多，包括顺查法、倒查法、循环法、抽查法等，无固定规律可循，但具有一定使用技巧，灵活掌握和运用可以帮助检索者更高效地获取信息。在图书馆服务中，文献信息检索为读者提供了广阔的资源平台，承担着节省、交流、优化、启示的重要作用。在图书馆未来的发展建设中，应加强对文献信息检索工作服务的关注和重视，以提供更好的服务与体验，促进可持续发展。

第三节　大数据环境下图书馆文献信息检索的技术

一、常见文献信息检索技术

（一）SFX 技术

SFX 技术即新型的数字资源聚合软件系统，发展至今已经不断被优化。SFX 技术的发展基础为 OpenURL 协议，是较为成熟的聚合技术，可整合复杂数据，将所有数据的检索方式统一。用户在使用此技术检索数据的过程中，不但可实现资源之间的不同转化，还能借助 OpenURL 协议的优势通过简单的搜索便能有效地利用资源。SFX 技术的优势在于其数字资源无限扩大、资源之间互补兼容、实现动态处理搜索、设置管理简单、智能化。

（二）Web Service 技术

Web Service 技术以互联网技术为架构基础，以此分布式组建基础模块。通过网络，Web Service 技术可实现多平台互动，且互动效果良好。Web Service 技术的工作特点主要是实现不同信息系统平台之间的信息共享。Web Service 技术的优势在于可以优化不同平台信息之间的差异并融合，使得平台之间有效互通。另外，Web Service 技术的信息处理在综合性和协调性运作方面也非常强势，能够有效管控不同系统之间的搜索内容，实现信息处理优化。Web Service 技术的结构建设包含服务的请求方，以第三者的方式为用户提供更好的信息资源互通，运用网络服务描述语言、聚合技术等使 Web Service 顺畅运行。

（三）P2P 技术

P2P 技术也称"点对点技术"，是指一种在互联网上构建的网络技术模型，在这种网络模型中各节点对等，具有相同责任及能力并能协同完成任务。对等节点之间通过直接互联共享信息资源、处理器资源、存储资源，甚至各计算机高速缓存资源等，整个过程中无须依赖集中式服务器资源就能完成。

二、虚拟现实技术

（一）导读功能

将虚拟现实技术应用于图书馆的文献信息检索中，可以为用户提供更好的导读体验。传统的导读功能通常是为用户提供馆藏文献介绍、入馆教育、新书通告及书目介绍，虽然在一定程度上可以使用户了解图书馆，但是无法体现出图书馆的整体内容。利用虚拟现实技术创建出图书馆的真实内部场景，用户通过感官可以产生身临其境的感觉，感知到虚拟图书馆，图书馆内的信息分类、文献信息检索等更加清晰，用户可以快速地找到自己需要的图书和文献信息，节约了查找时间，提高了文献信息检索的效率，同时提升了用户的查阅体验，激发了用户的潜在需求与阅读兴趣。

（二）馆藏资源数字化

虚拟现实技术在文献信息检索功能中的应用，加快了图书文献资源的数字化进程，通过集成化处理纸质文献，实现文献资源的信息化和数字化，从而使文献资源更好地被保存和利用。比如一本纸质文献，在一个时间段只能满足一位读者的需求，而数字化后的文献资源，则可以同时满足更多读者的需求，不仅提高了文献资源的利用率，提升了读者的阅读体验，而且有利于文献资源的保管，减少了纸质文献的破损现象，尤其是一些较为珍贵的古籍典藏，可以得到更好的保护和利用。虚拟现实技术通过虚拟图书馆的真实场景，使每位读者都产生真实的阅读体验，在实现虚拟阅读的同时，也充分发挥了图书馆的教育传播功能。

（三）整合信息资源

图书馆内的文献资料非常庞杂，即便是数字化的管理系统，管理起来也比较复杂，而且不同的应用系统，其信息资源与服务功能也不尽相同，组织形式、数据结构、检索方法、检索界面都有差异，庞大的信息资源与繁杂的服务功能使用户难以得到健全的服务。虚拟现实技术有效地整合了图书馆的信息，实现了信息资源间的联系，通过信息数据的转换，把复杂的数据和关系转换成简单的操作，使信息的检索查询更加高效、便捷、精准。另外，虚拟现实技术与智能代理技术的结合应用，可以为用户提供辅助模糊检索、中文分词等服务。随着在实践中的不断改善和完善，虚拟现实技术在图书馆的文献信息检索中，发挥着越来越重要的作用。

（四）参考咨询服务

参考咨询服务功能是数字图书馆的重要功能，读者在数字图书馆中进行查阅时，图书馆的数字信息管理系统会对读者的需求进行整理和分析，同时结合图书馆信息和网络信息，对信息进行认知和把控，收集整合图书馆的相关信息，然后提供给读者。虚拟现实技术通过网络提供参考咨询服务，使网络读者的问题得以快速解决，同时还会收集整理读者咨询的各种相关问题，在读者进行咨询时推送相关的问题，对读者没有提出的问题进行预防，对读者没有考虑到的问题进行提示，全面地解答读者的问题。目前来说，数字图书馆的参考咨询服务的模块主要有数据库检索、表单咨询、问题解答、论坛资讯等，咨询效果相对完善，但是也存在一定的问题，主要表现为解答不及时，影响了读者的咨询体验。随着虚拟现实技术的不断进步，参考咨询服务功能也在不断完善，未来图书馆的参考咨询服务将会由信息服务升级为知识服务。

（五）个性化服务

随着社会的不断进步，人们的阅读习惯与阅读方式发生了很大的变化，图书馆也需要朝着个性化、人性化的方向发展，才能满足读者的个性化阅读需求。数字图书馆在管理理念上要与时俱进，树立"以读者为本，为读者服务"的意识，把传统被动的图书管理转变为主动的阅读服务，利用信息技术手段收集读者的阅读兴趣与阅读习惯，从而为读者提供更加精准、专业的阅读信息，推送一些符合读者需求的文献信息，同时利用虚拟现实技术使读者获得身临其境的查阅体验。读者可以通过应用链接，进入虚拟的真实检索环境，还可以依据自己的个性化需求对"我的图书馆"进行调整，满足了读者的个性化阅读体验。图书馆要想开发读者的阅读潜力，还可以建设网络课堂，利用虚拟信息技术，最大限度地发挥图书馆信息资源的价值。

三、人工智能技术

（一）人工智能技术在公共图书馆文献信息检索中的应用

1. 自然语言处理技术

在人工智能工具中，存在自然语言服务器，这种服务主要是对垃圾邮件进行有效反馈和处理，服务重点是对信息内容进行有效监测。对信息过滤软件而言，需要有针对性地在其中插入相关的语言规则，将这种语言规则不断融入信息检索系统，在应用的过程中如发现可疑信息，便可以将这类信息单独发送到相关区域，而信息处理系统便可以结合具体的信息，不断进行识别和筛选。这样满足了人们对相关信息的快速浏览需要，并且能够对相关的垃圾邮件进行有效识别。自然语言的相关处理能够加强对主要句子的理解，在相关复杂句式中，不断实现单词、句式以及段落的有效结合，应用语法规则进行有效分析以及判定。

2. 视频图像检索系统

从目前来看，视频图像检索系统具有一个新的实现方法，在视觉图像分类、检索以及索引过程中，能够对具有复杂性的人工智能算法进行有效应用。但对视频图像特征的选择而言，需要加强对颜色直方图的计算，有效跟踪局部视频数据，有效应用 KLT 算法、纹理分析算法以及图像特征向量配置。对人工智能算法而言，主要涉及人工神经网络算法和有关自适应匹配算法。同时，视频图像检索系统还可以在上述特征向量的分析中，满足对视频的相关检索和分类。

（二）人工智能技术在公共图书馆文献信息检索中的服务应用

1. 开展个性化服务项目

在个人信息服务中，主要需要结合实际的用户需求和个人特点，这些需求和特点主要包括用户的个人使用习惯和偏好等，因而可以主动向用户提供相关的信息服务，而在应用的过程中，主要采用的服务模式为"以用户为中心"。对公共图书馆而言，其服务具有较大的广泛性，而服务的用户结构也相对复杂。对当前的网络信息而言，所涉及的用户需求具备多样化以及个性化的特点。因此，这种性质决定了图书馆所用的文献信息检索技术需要满足个性化服务模式。

总而言之，在文献信息检索的过程中，必须满足召回以及准确性的需求，同时还要根据用户的个性化需要，制定相关的个性化知识并加大服务创新力度。

2.细分信息用户结构

在通常情况下，与专业图书馆和学校图书馆相比，公共图书馆相关信息的使用和检索的人数较多，群体较为庞大，因此导致存在多种信息需求。对用户的分割而言，需要结合用户的具体结构服务方式，对用户进行划分后，公共图书馆可以结合相关用户对信息服务的需求，提供相对优质的信息服务，以此方式进行针对性和个性化的服务，充分发挥相关资源的价值。

3.知识服务

对于用户的问题解决，能够加强知识服务的支撑作用，不断加强知识创新。对知识服务的应用而言，可以为非专业以及非智能的图书馆提供有效的服务，在这些服务中主要包含信息的系统检索以及一些文档的传递服务。对新时期的用户而言，其受传统信息服务的影响呈下降趋势，其信息需求不断向知识需求偏移。因此，在检索的过程中，用户主要的检索方向不是信息的主要获取方式，而是知识的获取或者对问题的解决办法。当前社会处于信息化时代，不断向数字化方向发展，这对信息检索和收集而言，使用的方法比较便捷，与传统的相关方法相比，可以满足用户轻松检索信息的需要，不断实现信息和非信息的检索。

第七章　大数据环境下图书馆文献信息资源的利用

图书馆是储存各类书籍的场所，是人们了解和吸收自身感兴趣的知识的文化场所。通过在图书馆中浏览各种书籍，人们不仅可以拓宽知识视野，还能在其中学习到先进的知识技能。图书馆是人们培养情趣、陶冶情操的净土。但是，在大数据环境下，我国图书馆在文献信息资源的利用方面还存在一些问题，因此对图书馆文献信息资源的利用进行研究十分必要。本章围绕图书馆文献信息资源的来源、图书馆文献信息资源的开发与利用、大数据环境下图书馆文献信息资源利用的改进策略三部分展开，主要包括图书馆文献信息资源的捐赠，图书馆红色文献资源的开发与利用、强化文献信息资源信息化、网络化管理等内容。

第一节　图书馆文献信息资源的来源

一、图书馆文献信息资源的捐赠

（一）公共图书馆文献捐赠工作现状

1. 法律设置不完善

2018年实施的《中华人民共和国公共图书馆法》（以下简称《公共图书馆法》）为公共图书馆捐赠提供了法律依据，从法律制度上保障公共图书馆捐赠。但纵观《公共图书馆法》，我们会发现以下问题。

其一，规定了国内和境外的个人、法人和其他组织都可以进行捐赠，但是对比法律条文可知，国内可以实施捐赠行为的是公民，而公民是政治概念，这就限制了未成年人和部分无政治权利的成年人。

其二，一般来讲，公民、法人和其他组织对捐赠物资拥有处分权即可，但

第七章 大数据环境下图书馆文献信息资源的利用

是境外自然人、法人和其他组织捐赠物资在法律条文上的表示是"参与公共图书馆建设",这个范围多大尚未可知,查阅国内公共图书馆官网对捐赠制度的相关设置,大多是文献捐赠,鲜见对资金捐赠、场馆捐赠、设备捐赠的规定,很大程度上是由于法律规定模糊,导致在实际操作中对捐赠种类有所偏向。

2. 捐赠管理、奖励机制设置粗疏

由于现实中,捐赠馆舍、设施、资金、文献资源等物资的社会力量较少,范围窄,大多图书馆并未设立专门科室、人员,这就造成接收捐赠存在法律风险、接收管理不专业、古籍保护不专业,等等。有些公共图书馆将捐赠的规章制度放在官方网站上,细化可接收的范围、种类、数量等,但未见对接收后的管理过程有公开、透明的公示列表或板块。在奖励机制上,通常以公示捐赠目录名单、捐赠证书为主,奖励方式单一,未充分重视那些具有较高价值的捐赠者。

3. 捐赠物资利用率不足

社会力量的捐赠给公共图书馆补充丰富馆藏、提供更多服务场地或设备,要充分利用资源才能发挥捐赠物品的价值。对于捐赠的馆舍、设备,公共图书馆通常直接使用;对于捐赠的文献资源,许多并未上架供读者阅读,文献本身较为老旧,需要加工、修复的时间较长,无专业人士修复,只能典藏;对于捐赠的资金,由于现有法律并未对公共图书馆是否能够直接接收、处分做出规定,许多公共图书馆并未开展此项业务。这种现状导致公共图书馆在接收捐赠后,不能充分利用捐赠物资。

(二)完善文献捐赠工作的策略

1. 加强文献捐赠管理,完善规章制度

文献捐赠制度建设,不仅是公共图书馆最新评估指标的硬性要求,更是文献捐赠工作有计划、有目标、有效率的保障和指引。捐赠理念、征集标准、入藏范围、奖励措施等捐赠制度建设的各个方面,公共图书馆均应结合馆藏现状、发展规划和实际需求去建立和完善,并对捐赠制度明确细化,杜绝概念模糊不清。各公共图书馆的捐赠制度应公开发布,使得潜在捐赠者可以通过捐赠制度明确捐赠流程,避免和减少矛盾产生。

同时,捐赠制度不是一成不变的,须紧跟本馆需求实践变化,实时更新以保持其时效性和适用性。文献捐赠和图书交换本质上都是文献的泛在化"共享"。图书馆开展文献捐赠工作的目的是收集所需文献补充馆藏资源,而在捐赠换书活动中,图书馆更多的是充当交换平台,让参与捐赠交换的读者各取所需，知识共享。文献捐赠工作与图书捐赠交换有相交也有很大区别。陕西省图书馆长期开展图书捐赠交换活动，其在官网将地方文献捐赠细则、一般文献捐赠细则、图书交换细则都分别列出的做法值得其他图书馆借鉴。

2. 捐赠公示工作应具有连续性、智能化

各公共图书馆及时、有规律地对捐赠信息进行公示，不仅可以揭示和强化捐赠者和捐赠文献之间的连接，而且可以在无形中营造一种公益氛围，在潜移默化中实现对其他读者的熏陶。同时，持续、有规律地发布捐赠名录也向读者展示了图书馆捐赠工作常态化、高效的正面形象。

在网络化、智能化时代，很多公共图书馆提供的捐赠名录查看页面智能化水平却严重偏低，表现为只是一个表格清单，不提供检索，更无法对捐赠者及捐赠金额进行查询统计。图书馆接收的捐赠文献，应纳入智能化系统管理，与书目数据库链接，建立独立的、完整的捐赠数据库。首都图书馆、广东省立中山图书馆等图书馆的捐赠名录发布及时、详细、可检索，与智能化系统管理助力分不开。各图书馆除了公示捐赠者的相关信息和基本书目信息外，还可以适当增加捐赠图书状态信息（入藏地点、流通情况等），使捐赠者全面动态地了解所捐文献的利用状态。深圳图书馆于2020年年底再次升级的"捐赠换书中心管理系统"从文献接入到最终流向都可经系统进行查询和跟踪，不仅可以提升图书馆文献捐赠工作效率，也为后期捐赠文献的智能化管理与利用奠定了基础。

3. 链接捐赠相关平台，提高捐赠文献利用率

捐赠文献作为图书馆馆藏的有益补充，共享、利用也是其最终目的。捐赠文献中每年都会产生一些不符合本馆需求的冗余图书，这部分图书可以通过各种形式进行交换与转赠，从而发挥捐赠文献的价值。

例如，深圳图书馆对于捐赠所得冗余图书，会及时转至深圳捐赠换书中心参与图书交换、转赠，及时、最大化地发挥捐赠文献的价值。各公共图书馆的文献捐赠工作应该与相关平台形成良好的双向链接，在捐赠交换平台的文献符合入藏标准或者有重要价值时，图书馆也可以申请将其返至馆内接收并入藏。链接捐赠平台使捐赠文献在入藏、交换、馆外转赠之间有效切换，能够实现发挥捐赠文献最大作用的目的。

4. 利用新媒体平台助力文献捐赠工作

图书馆对捐赠者的及时应答为获取捐赠提供了更多机会。各公共图书馆应充分利用微信公众号的自定义菜单设置、外部链接跳转等功能优势，实现与读者的及时沟通，为文献捐赠工作助力。首先，图书馆可以在微信公众号利用自

定义菜单功能展示捐赠栏目，给读者提供清晰易达的文献捐赠入口。其次，图书馆可以借助自动回复功能推送捐赠制度链接、解答常见问题，指引读者。如果微信公众号暂未设置自动回复功能，人工也应及时给予应答。最后，图书馆应及时在微信公众号、微博等新媒体平台对整体捐赠、名人捐赠等大型捐赠活动进行宣传。图书馆应充分利用新媒体平台的优势实现图书馆与读者之间的双向互动，增强社会组织与个人的捐赠意识，促进文献捐赠工作的持续开展。

二、图书馆文献的采访与编目

（一）图书馆文献采访与编目工作的变化

1. 文献采访工作

以往的图书馆文献采访工作采集寻访到的通常都是纸质印刷类文献，例如，纸质的书籍、报纸以及杂志等，图书馆内部的文献构成不够丰富。大数据时代的来临为图书馆的文献采访工作转型提供了契机，带来了虚拟馆藏资源的可能性，促使文献采访工作向网络化和多样化的方向发展。因此往后的文献采访不仅要提升寻访到的纸质印刷类文献的质量，还需要增加一些虚拟的资源来丰富内部馆藏。基于上述原因，图书馆的运营管理者应当将图书馆整体工作的关注度适当倾注到建设数字图书馆这方面。相应地，对文献采访工作的资金投入比例也要随之调整，根据实际情况酌情向数字文献方面倾斜成本，以此来推动图书馆的变革，使其更好地融入时代发展的浪潮。图书馆实现文献采访工作的网络化和数字化是未来文献采访工作发展的必然趋势，也是大数据时代对其提出的必然要求。

2. 编目工作

大数据时代推动了信息技术的完善和普及，文献信息的形式也随之发生了变化。第一，图书馆的编目工作已经融入了计算机技术；第二，在编目工作中，正在推行一种机器可读目录格式。就当今的编目工作而言，发行的文献都会附带一个编目，这是编目工作顺利完成的前提。但在这之中，由于寻访到的文献来源不同，尽管每一本书都附带编目，但并不统一，这为编目工作带来了麻烦。但总体来说，编目工作与以往相比正呈现出较为规范化和标准化的局面。

（二）图书馆文献采访与编目工作联合运作方式

第一，加强联合运作，促使业务流程整体化。大数据时代下，图书馆内部各项工作之间的联系更加密切，尤其是文献采访与编目工作之间的联系逐渐增强，体现出较强的一体化趋势。这两项工作的联合运作可以简化图书馆文献采访与编目工作的对接程序，提升整体的工作效率。在实际的文献采访与编目工作中，图书馆应该充分利用自身拥有的社会资源，将这两项工作中的部分内容外包，借此提升文献采访与编目工作的效率和精准程度。

第二，充分利用网络手段实现资源整合。随着大数据时代的来临，读者获得文献资源的途径不断增加，越来越多的读者选用多种网络平台进行文献阅读，这为图书馆文献服务工作的顺利开展带来了阻碍。因此，为了满足读者多样化的阅读需求，图书馆要将读者的需求作为提升工作质量的指导因素，图书馆的文献采访与编目工作要将读者放在首要位置。网络手段是实现图书馆文献采访与编目工作联合运作的重要方式，可以帮助图书馆合理整合各种形式的文献资源。图书馆在变革和创新过程中融入网络技术，为工作的顺利开展注入了强劲的支撑力量。对文献采访工作而言，各类文献的来源更加多样化，图书馆可以依靠网络技术在多个平台上获取文献资源，两个或多个图书馆之间还可以利用网络技术建立起一个完善的文献资源采集与编目数据库，馆际之间的协同运作可以避免重复劳动，并建立起一个规模较大的规范化数字文献系统。同时，网络技术也为读者提供了一个与图书馆互动的平台，帮助图书馆更好地了解读者需求，进而更好地满足其阅读要求。

第三，以读者为核心整合文献采访与编目工作的业务职能。从以往的文献采访与编目工作的程序来看，从事文献采访与编目工作的人员与读者之间缺少直接的沟通与交流，对读者的需求了解不足，没有掌握读者的资料，但是读者的阅读质量往往是由文献采访与编目人员的工作质量决定的。

在实际的工作中，不同的读者对文献资源的阅读需求通常是不同的，如果从事这两项工作的人员对读者的个性化阅读要求有一个全面的了解，就可以拓宽文献采访与编目工作的思路。大数据时代为读者和文献采访与编目人员搭建了一座交流的桥梁，实现了二者的直接沟通，读者的需求可以被更好地满足。除此之外，读者还能够了解一定的编目知识，资源检索能力也会随之提升，图书馆文献采访与编目工作的作用可以更好地发挥出来。

（三）图书馆文献采访与编目工作联合运作的策略

1. 完善文献采访与编目工作的检索功能

就技术上说，为了达成文献采访与编目工作的联合运作，图书馆要完善检索系统，让这种联合运作有实际的表现和发挥作用的途径。为方便文献采访人

第七章 大数据环境下图书馆文献信息资源的利用

员和编目人员更好地工作，图书馆内部计算机的检索系统可以关键词或文献编号为检索的核心点，这种方法不仅有利于增强搜寻文献的全面性，掌握文献所处的位置，而且可以利用模糊检索的方式对庞大的数据库进行筛选，再通过人为干预的方式找到准确的文献资源。总之，大数据时代下，图书馆要想实现文献采访与编目工作的联合运作，就要利用技术手段改善检索系统，从使用者的角度出发，避免在实际的使用中缺乏实用性。

2.编制规范的文献分类对照参考表

就规定而言，为了更好地联合运作图书馆文献采访与编目工作，可以建立健全一个标准的、涵盖图书馆各类实物文献资源与虚拟文献资源的分类对照参考表，这样可以帮助文献采访与编目人员实现更好的沟通，清除采访与编目之间的阻碍。

大数据时代下，这个参考表的编制会更容易，可以加快文献采访与编目工作融合的进程，是完善图书馆文献资源管理系统的重要前提，也能为之后实现馆际沟通与交流创造条件。总而言之，建立一套标准化的图书馆文献分类对照参考表是帮助文献采访与编目工作联合运作的有力措施，也减轻了相关从业人员的工作压力。

三、图书馆文献信息资源的采购

（一）收集有关信息，明确采购方向

1.准确了解馆藏信息

馆藏图书因新书不断补充、旧书及利用率不高的图书被剔除而时常发生变化。因此，馆藏信息也在不断更新。图书馆工作人员在进行图书采购前要对整个书库的图书组成结构有个大致的了解，对馆藏信息的准确把握是新书采购的重要前提。在进行图书采购前，工作人员要按照采购计划，在图书馆现有的数据库中通过图书名称、作者、出版社以及ISBN等进行查重，除了对某些特定的图书进行额外采购，增加图书馆的保有量外，还要避免重复采购、漏购现象的发生。

2.统计分析流通数据

流通数据及藏书利用率可以为图书的采选提供客观、有效的依据。相关工作人员可以对图书借阅数据进行搜集、整理、分析，以指导图书的采购。做好藏书利用率的统计，对于流通量大但馆藏较少而不能及时满足读者借阅需求的图书，应适当增补复本。

3. 多种途径获取图书信息

首先，利用书评、书摘选择精品。书评是图书宣传的基本方法之一，通过简单明了的文字对图书进行介绍，展示图书的特点。书摘是图书宣传的另一种形式，就是将专业著作或大众读物中的一两段精彩片段以摘要的形式在报刊上发表。图书馆相关工作人员在进行图书采购前可以浏览这些书评、书摘，根据专业人士的推荐确定图书采购的方向。

其次，利用网上书店和出版社的书目，及时掌握新书出版信息。随着互联网技术的不断发展，网站的功能不断强化，图书出版信息也越来越完备，可供人们全方位了解、掌握新书出版信息。

再次，与出版社联系，及时掌握出版信息。现在的社会是一个信息化的社会，图书馆要及时准确地了解最新图书信息才能及时更新图书，以更好地满足读者的阅读需求。

最后，重视读者荐购信息，多渠道了解读者需求。"以读者为本""为读者服务"是公共图书馆的服务理念和宗旨。图书馆要通过各种途径，积极了解读者需求，把读者的需求和建议辐射到图书馆工作的各个方面。图书馆应派专人负责图书荐购工作，要把读者荐购工作做好、做细，对读者荐购图书优先采购、快速上架，尽量缩短读者等待的时间。

(二) 统筹规划，精准采购

第一，丰富馆藏，凸显特色。图书馆在进行图书采购时应掌握本馆的读者层次、图书种类的设置比例以及图书馆的相关规定，合理设置图书采购种类及采购比例，使采购的图书突出本馆的特色，使图书采购比例达到藏书与借阅的平衡。

第二，基于读者需求进行图书采购。图书的真正使用者是读者，因此读者在图书采购中应该拥有发言权，图书供应只有基于读者需求，才能建立稳定持久的供需关系。现代互联网发展下的读者需求呈现多元化、个性化的特点，以读者需求为核心的图书采购要充分体现以人为本的思想，了解读者的需求，根据读者的需求选购图书，读者的满意度是衡量图书采购质量的重要标准。

(三) 根据馆藏特色，制订采购计划

第一，合理分配采购资金，确定各类图书采购比例。图书馆要根据本馆的馆藏特色以及长远的发展计划，设计合理的馆藏结构，确定每年的图书种类及合理的采购比例，减少采购盲目性和随意性。在进行图书采购前，图书馆要根

第七章 大数据环境下图书馆文献信息资源的利用

据本馆的性质、任务、读者、发展方向等确定切实可行的藏书建设原则、收藏范围、收藏重点、采购标准等。图书馆有必要制订一个合理科学的资金分配方案，使图书的订购体现全局和长远的思想。

第二，明确采购的目标、范围，分清主次。图书采购人员要明确采购的目标、范围，分清主次。例如，引进的国外经典译著、各类名家名著、具有广泛影响力的热门畅销书可以适当采选，基础教育读本、普通文艺作品、科普读物、生活文娱类书籍等应有选择地进行购买。

（四）成立图书采购小组，明确图书采购的任务

第一，加强图书采购小组的组织领导。图书采购是一个有组织、有领导的活动，应制订本馆的采购计划、采购流程，将业务精、科研能力强、富有责任心的优秀馆员组成图书采购小组，选出图书采购组长，明确组内成员的分工以及每位采购人员的职责任务。图书采购小组应召开专题会议，研讨图书采购原则，交流选书经验，安排图书采购工作。

第二，采购人员的选择。采购人员要熟悉采购图书的基本常识，了解文献资源的覆盖范围和所涉及的交叉学科，熟悉各类图书目前的馆藏情况，掌握适合本馆的图书选购原则，了解图书馆长期和近期的建设规划，还要具有较高的责任心和业务能力，能严格按照图书馆的采购原则和要求选书，同时要熟练掌握图书现场采购的技巧，认真做好图书采选的质量把控工作。

（五）在现场采购中把控图书质量

第一，优先考虑图书的价值。采购人员要根据本馆服务读者的阅读层次、需求采购图书。图书采购人员不但要关注图书的纸张、排版质量，还应了解图书的内容，注意文献资料的科学性、价值性，严把质量关，还要尽量选择近两年的图书，注意出版时间和内容简介。如果是工具书就需要注意出版时间，因为出版时间越新，收录的新信息就越多，资料更新比较及时，更具有实用价值。

第二，重视馆藏的系统性和前瞻性。采购员在采选图书时要注意确保馆藏文献结构合理，重点和特色馆藏系统完整。同时，要了解和掌握各类图书的最新动态和发展趋势，基于读者需求有预见性地采购适用的新图书。

（六）跟踪调查，优化方案

现场图书采购结束后，采购图书的质量要有一个评价指标，图书馆应对采

购的图书做跟踪调查，借助各种新媒体、新技术与读者加强联系与沟通，了解读者对上架新书的反馈意见及切实需求，及时调整、完善图书采购方案。

图书馆采购人员可以根据有关流通数据、读者问卷调查等，了解此次现场图书采购的成功之处与不足之处，做好采购后的总结，优化采购方案，为下次图书采购工作做准备。馆藏是图书馆发展的基石，图书采购工作是图书馆建设的重要方面。随着社会的发展和图书市场的不断变化，读者的文献阅读需求也在不断发生改变，图书馆只有不断提高图书的采购质量，才能使馆藏符合读者的需要。

四、图书馆文献信息资源的复选与剔除

（一）文献复选与剔除的含义

"复选"一词源于苏联学者斯多利亚洛夫和阿列菲也娃所著的《图书馆藏书》一书。复选是相对于文献的初选而言的，即对本馆已有文献进行再次遴选，是中大型图书馆高质量发展各项服务工作的重要前提之一。复选能够使馆藏文献的选择和淘汰实施落地，将馆藏结构优化和读者服务协调统一、有机结合，完全体现图书馆读者服务至上、以读者为中心、把读者的需求作为唯一标准。"剔除"一词源于20世纪70年代中期美国学者斯洛特撰写的《图书馆藏书剔除》一书。剔除不同于注销和销毁，剔除只是将符合剔除要求的文献从重点书库中分离出来移动到非重点书库（基藏书库或密集书库），不对读者直接开放，但可以在网上查询到非重点书库的文献，以备不时之需。

（二）文献复选与剔除的必要性

1. 优化图书馆的利用和管理

任何事物都有过时、老化、失效、破损、被替代的过程，作为知识信息载体的纸质书刊文献同样也存在老化和过时的问题。随着数字化、网络化、信息化时代的快速发展，知识更新换代速度越来越快，文献的半衰期越来越短，导致馆藏中不断出现长期无人问津的文献，不仅占用大量馆藏空间，还使得可供读者利用的一些好书与没有利用价值的图书夹杂在一起，严重影响了读者的利用和馆员的管理。

2. 缓解文献数量增长与馆舍空间的矛盾

各类图书馆文献资源数量迅速增长，慢慢出现了库容空间捉襟见肘的情况，给工作人员和读者都带来了极大的不便，严重影响馆藏文献的利用率和被

第七章　大数据环境下图书馆文献信息资源的利用

发现概率，文献数量增长与馆舍空间矛盾日益凸显。

3. 节约资金，降低管理成本

随着互联网的迅猛发展，图书馆实现智能化借还、无人值守借还已是大势所趋，此工程也是图书馆一项耗费巨资的工程，所有一线借阅图书都需要对应一份高频或超高频 RFID 标签，每个标签价格在 0.8～1.2 元，一座中等大小的图书馆藏书少则也得五六十万册，全部添加 RFID 标签会是一笔巨资，无形中会造成一部分浪费，因为其中有部分图书已经长时间无人问津，并且在将来也几乎不可能有读者借阅，所以图书馆要利用这一契机对文献进行必要的复选与剔除。

（三）馆藏文献复选与剔除的具体措施

1. 成立复选与剔除工作组

文献复选与剔除工作应由馆长、业务副馆长主抓，信息技术部、资源建设部、读者服务部及相关学科的专业人士共同参与完成。馆长的职责是统揽全局，制订调研计划，确定复选与剔除方案和审批程序，对外联系学科专家，把关复选与剔除方案，明确工作组每个成员的具体职责与权限，督导检查工作进程和效果。业务副馆长牵头具体实施工作，协调各部门工作，认真听取专家和学者的意见和建议。

2. 制订科学合理的复选与剔除总体方案

馆藏文献的复选与剔除是专业性强、既繁杂又细致的一项工作，制订科学合理、符合实际并行之有效的总体工作方案是保证此项工作顺利开展的重要前提。图书馆应先综合考量统计出剔除书目的大致范围，再考虑被剔除图书的内容特点，如一些核心书目虽然借阅率不高，但非常有保存价值，在复选与剔除时应考虑保留 2～3 个复本，其余转移至基藏书库进行保存，切忌注销剔除。借阅率很低但品相完好的社科类文献，应考虑转移至基藏书库或赠送给相关机构重复利用。超大复本、被替代文献、破旧文献、污损文献、不合时宜的文献等，应通过复选与剔除后进行注销，按程序做好登记造册最终报废处理。

3. 强化本馆数字化资源建设

在文献的复选与剔除中要保护好馆藏结构的整体性，特别是一些核心书目（专业图书），虽然长期无人问津，如果一旦有读者需要，可能就会发挥其他文献无法替代的作用。对于这样的核心书目，要利用现代科学技术进行数字化处理保存，存入本馆自建数据库，充分保护作者版权。

4.建立长效工作机制

馆藏文献的复选与剔除并不是一蹴而就就能完成的，要建立科学合理的长效机制，以馆藏文献为基础，定期做好文献利用率的数据分析，建立符合本馆发展的文献复选与剔除工作机制，确保即使新来的馆员也能有凭有据开展这项工作。

5.建立馆员培训制度

馆员培训包括对在职馆员的培训和对新馆员的岗前培训，目的是提高馆员的服务意识，使其改进工作方法，提高工作效率。图书馆也要针对某一具体工作对馆员进行必要的专项培训，如建立参与文献复选与剔除工作的馆员培训制度是提质增效、提高馆员素质的有效途径。

6.明确处置文献的方案

对于实行总分馆管理的图书馆，有些文献在总馆不实用，流通率低或有多余复本，对分馆却有一定利用价值，可以调拨去分馆；对利用率很低但仍有一定价值的复选与剔除后的图书可放置二线书库或基藏书库保存；对不适合本馆的剔除旧书可形成一份详细书目清单，传送给其他图书馆进行交换利用，还可以直接赠送给其他有需要的图书机构或者采取大降价处理，以充分发挥文献的最大利用价值；对内容不适宜、观点有误导、思想有偏颇、破损严重的文献做报废处理，报废前一定要做好相关手续的办理，如上报至总馆形成处理文件。无论是哪种处置方式都要将纸质版处置清单存档备查。处置文献时也要考虑到可能的法律限制。

第二节 图书馆文献信息资源的开发与利用

一、图书馆红色文献资源的开发与利用

（一）强化公共图书馆软硬件设施的建设

随着信息技术的发展，各行各业也逐渐将信息技术渗透到生产的各个环节之中，对公共图书馆红色文献资源的开发与利用环节来说也不例外。公共图书馆在开发与利用红色文献资源的时候，可以通过网络技术录入相关的文献资料，将静态的文献资料变成动态的内容，方便人们在网上获取到相关的红色文献资源。

此外，公共图书馆还可以专门设立一个红色文献书籍阅读区，且这一阅读

第七章 大数据环境下图书馆文献信息资源的利用

区具备一定的红色文化特性，方便人民群众感受红色文化，从而提高人民群众的政治素养。为此，强化公共图书馆软硬件设施的建设是公共图书馆红色文献资源开发与利用的重要策略之一。

（二）不断优化公共图书馆的馆藏资源

我们都知道，公共图书馆是人民群众获取知识、提高自身文化素质的重要途径。为此，公共图书馆要对馆藏资源进行不断的优化，尽可能地满足人们对红色文献资源的阅读需要。

例如，公共图书馆可以根据人民群众的阅读需求，为他们提供相关的红色文献资源以及尽可能地收集红色文献资源。当然，图书馆也可以依托互联网平台和其他公共图书馆实现红色文献资源的共享，尽可能地满足人民群众对红色文化资源的需要，在潜移默化中提高人民群众的政治素养。

（三）提升公共图书馆的服务能力

公共图书馆缺少对红色文献资源的开发与利用，正是其服务能力低下的重要表现。为此，公共图书馆应不断地提升自身的服务能力，从而更好地满足人们对红色文献资源的阅读需要。

例如，在公共图书馆中，可以利用指示牌为人们明确地指出红色文献资源的区域，或者是直接在图书馆信息服务系统、检索系统中将红色文献资源显示出来，使人们清楚红色文献资源所在的区域，满足人们查阅红色文献资源的需求。

二、图书馆地方文献资源的开发与利用

（一）积极争取政府部门和社会各界的支持

一方面，公共图书馆应将地方文献资源的开发与利用作为一项重要的工作任务，积极向相关政府部门反映情况，争取政策文件和财政资金的支持，完善顶层设计，明确各项文化政策规定，要求各文化部门在出版地方文献刊物时要向公共图书馆呈送书籍样本，为地方文献资源的开发与利用提供政治保障；另一方面，公共图书馆应进一步拓宽地方文献资源的来源渠道，通过进企业、进社区、进学校举办宣讲活动发动社会各界力量踊跃参与地方文献资源的开发与利用工作，引导社会经济组织、文化团体及群众个人积极捐赠各类地方文献资源，在全社会营造地方文献资源开发与利用的浓厚氛围。

(二) 提高公共图书馆工作人员的专业素养

地方文献资源与普通书籍相比存在一定的区别，因其特殊的记载内容，需要相关工作人员深入了解当地发展历史，对同类地方文献进行归纳整理，并设置分类标签，方便读者阅读寻找。一方面，公共图书馆工作人员应熟悉馆藏地方文献资源相关内容，并能根据广大读者的阅读需求提供针对性指导服务，进一步提高读者的满意度。另一方面，公共图书馆应针对在职工作人员定期开展地方文献管理专业知识培训，同时通过邀请专家举办讲座的方式为图书馆工作人员答疑解惑，提供专业化指导，从而提升其理论知识水平，帮助工作人员不断适应地方文献资源开发与管理工作的新形势与新内容。

(三) 加大对地方文献资源的宣传力度

一方面，公共图书馆应转变传统的宣传方式，进一步提高宣传效率，通过开通微信公众号、微博官方账号的方式扩大馆藏地方文献资源的宣传范围，提高广大人民群众阅读浏览地方文献资源的积极性；另一方面，公共图书馆应紧跟时代发展潮流，加快数字图书馆建设，设置电子阅览室，迎合当代人的阅读习惯，从而突破纸质阅读模式下时间和空间的限制，方面人们随时随地进行地方文献资源的浏览，提高文献阅读的便捷性，同时运用大数据等先进技术，根据广大读者的专业方向和阅读习惯即时推送相关地方文献资源，为人们提供智能化的阅读服务。

(四) 提升公共图书馆馆藏地方文献资源质量

一方面，公共图书馆在引进地方文献资源时应将文献资源的质量放在首位，对收录的地方文献资源从专业类别、学科属性方面做出明确要求，将地方志、党史资料及名人著作作为重点收录对象，在选择收录地方文献资源时首先安排专业水平较高的工作人员负责审核地方文献资源的质量，从而确保公共图书馆馆藏地方文献资源能够起到为广大知识分子提供科学借鉴的作用；另一方面，公共图书馆相关工作人员应采取问卷调查的方式定期对读者群众的阅读需求进行了解，并针对读者的现实需求购置相关地方文献资源，满足广大读者的阅读需求。

(五) 完善公共图书馆地方文献资源工作的相关管理制度

一方面，公共图书馆应针对地方文献资源的开发与利用工作设置专门的业务科室、安排专职工作人员,明确各工作人员的职责任务,压实工作责任,转变以往工作体制下人们懒散的工作氛围和工作作风,同时畅通工作人员晋升渠道,结合地方文献资源工作人员的日常表现进行年终绩效考核,实行绩效与工资"双挂钩"制度,进一步激发工作人员干事创业的热情;另一方面,公共图书馆应针对地方文献资源的保护与储存工作制定相应的规章制度,定期安排专人负责地方文献资源的晾晒工作,并在固定位置放置防虫药物,最大限度地降低文献资源的损坏程度。

(六)提升公共图书馆地方文献资源工作人员的服务质量

公共图书馆馆藏地方文献资源数量的逐步增加,无形之中提高了读者寻找所需地方文献资源的难度。一方面,工作人员应进一步提升服务质量,不仅要帮助广大读者在最短时间内准确找到所需地方文献资源,更要根据读者的阅读需求,为读者提供更加完善的指导服务;另一方面,随着数字图书馆的普及,公共图书馆工作人员不能仅仅掌握简单的地方文献图书借阅与归还工作技能,更需要其能在广大读者不熟悉数字图书馆的使用操作流程时为读者提供帮助,因此应加强对计算机基础知识的学习与应用,进一步提升服务质量。

三、图书馆古籍文献资源的开发与利用

(一)古籍数字化加工

1. 缩微胶片数字化

缩微技术是采用专门的设备、材料和工艺,把原始纸质信息原封不动地以缩小影像的形式摄影记录在感光材料(通常是胶片)上,经加工制作成缩微品保存、传播和使用。缩微胶片记录信息具有保真性、存储安全性等特点,但是其读取必须使用专门的胶片阅读机,故其更适用于古籍文献资源的保存。

但是,从古籍文献资源的利用和共享来说,缩微胶片则缺乏便利性。缩微胶片数字化,即通常所说的模转数,是通过缩微胶片扫描仪等设备将缩微胶片保存的信息转换为能够被计算机识别并能保存于磁盘、光盘等存储介质中的数字图像或数字文本。经缩微胶片数字化处理,再通过建立数据库等方式,原保存于缩微胶片中的古籍信息就可以通过光盘、网络等形式更为便利地保存和利用了。

2. 古籍文献数字化

古籍文献数字化一般是对古籍原本进行的数字化加工操作,通过扫描、人

工录入、软件识别转换等将古籍的特征描述、内容描述等与古籍书目相关的信息或古籍全文信息转换为计算机能识别的数字图像或数字文本，再通过建立数据库等方式，古籍的书目信息或全文信息就可以通过光盘、网络等形式保存和利用了。

（二）古籍文献资源数据库的建立

在对古籍文献资源进行数字化加工后，可建立古籍文献资源数据库。古籍文献资源数据库包括书目数据库和全文数据库两种。书目数据库是图书馆馆藏古籍书目信息的数字化体现，一般包含古籍文献的特征描述、内容描述等信息，这些信息经数字化加工后，通过数据库管理系统收录，形成具有查询、数据管理等功能的书目数据库。读者通过在线查询书目数据库，可快速检索其所需的书目信息，再经由图书馆古籍阅览室工作人员查阅相应的古籍实体文献，有效地提高了读者对图书馆古籍文献的查阅效率。目前，国内大多数大型图书馆已建立了古籍书目数据库。全文数据库是图书馆古籍完整内容信息的数字化体现，根据数字化加工处理方式的不同，可以图片形式、文本形式或图文混合形式展现古籍文献内容。读者可通过网络阅读完整的古籍文献内容，这使得古籍文献资源利用更为便利。但是，基于版权、安全性等方面的考虑，图书馆一般对古籍全文数据库有访问权限设置，读者需先获得相应的访问权限，才可查阅古籍文献的完整内容。

（三）古籍数字化推广

图书馆常采用讲座、展览等形式开展读者宣传推广活动，图书馆的古籍文献资源开发与利用工作要想获得更多的社会关注，可结合数字化技术，开展更丰富的宣传推广工作。例如，结合互联网技术、虚拟现实技术、多媒体技术等，以可视化、动漫化等形式，将古籍修复技艺、馆藏古籍文献特色等，轻松活泼地展现在社会大众面前，传递古籍文献所蕴含的厚重的文化内涵，吸引不同的社会群体关注古籍文献，使社会更重视古籍文献资源的保护和利用。

（四）各方面的共同努力

1. 促进业内外合作，强调统一规划与创新

目前，针对包含古籍数字化在内的古籍文献资源的开发与利用工作，国内尚缺乏统一规划，无论是业内的图书馆之间，还是图书馆与社会商业性企业之间等，在开展古籍文献资源的开发与利用相关工作时基本上都是各行其道，缺

乏交流与统一规划。比如，关于古籍数字化工作，各图书馆与商企合作进行了许多重复性建设工作，从而造成了人力、物力、财力等方面的资源浪费。若在未来工作中能促进业内外合作，制定统一规划，则可能很大程度上节约资源，更高效地开展古籍文献资源的开发与利用工作。此外，业内外合作，并利用新技术创新开发更有创意的古籍文创产品等，也有利于古籍文献资源的开发与利用工作的宣传推广。

2.引进和培养更多的专业人才

古籍文献资源的开发与利用工作需要专业人才，图书馆可通过公开招聘等方式引进可从事古籍保护与整理、开发等工作的具有相关多学科知识背景的复合型人才。同时，在现有工作人员中，可通过在职学历教育、业务交流培训等方式，有针对性地培养一些相关的工作人员，充实古籍文献资源的开发与利用工作的专业人才，保证此项工作稳定高效地推进。

《"十三五"时期全国古籍保护工作规划》提出"加强古籍数字化工作。鼓励和支持各古籍收藏单位加快古籍数字化步伐，借助互联网、大数据、云服务等高新技术，率先对馆藏特色文献和珍贵古籍进行数字化，加快建立中华古籍数字资源库和中华古籍综合信息数据管理平台，扩大古籍数字资源开放，促进资源共享，提高利用效率"。

在新时代数字化背景下，图书馆借助数字化技术手段，结合业内外合作的统一规划与创新，以及专业人才的引进和培养，图书馆古籍文献资源的开发与利用工作必将不断进步，真正实现保存保护和传承利用好古籍文献。

四、图书馆灰色文献资源的开发与利用

第一，建立主导机构，实行"统一管理、科学分工、均衡发展、资源共享"的建设原则。淡化行政模块划分对灰色文献资源建设的影响，建立一个居主导地位的机构，可以使灰色文献资源建设具有统一的战略规划，有效实现馆际间的合作与对话，这是各图书馆灰色文献资源建设实现科学分工、均衡发展、资源共享的前提。笔者建议由教育部、文化和旅游部、科技部等共同领导设立全国灰色文献中心，以担负国家总书库职能的国家图书馆为主导，各类型图书馆、相关政府部门、各大灰色文献收藏企业共同参与，在保护知识产权及合法利益的基础上，实现灰色文献资源建设的共商共建共享。

第二，健全法律法规，积极宣传引导，从易到难，逐步推进图书馆灰色文献资源建设。大量的灰色文献来源复杂、隐蔽性强、传播范围小，尤其是网络灰色文献，责任主体繁杂，搜集起来难度极大，导致大量有价值的灰色文献无

法入藏。因此，在灰色文献搜集过程中，图书馆界应该呼吁进一步健全、完善相关法律法规，明确国家图书馆及省级图书馆实现灰色文献法定呈缴的权利。对于法定呈缴之外的灰色文献，可以采取协议呈缴、自愿呈缴的方式，由易到难，逐步推进，先从政府部门、学术团体生产的灰色文献入手，再进一步推进到民间灰色文献，同时广泛宣传灰色文献呈缴对国家和社会的重要意义，保证灰色文献收藏工作的系统性。

第三，构建灰色文献资源建设科学分工与搜集梯度，凸显各馆灰色文献馆藏特色。各种类型的灰色文献浩如烟海，层出不穷，即使是国家图书馆也不可能收集齐全，因此，构建搜集梯度、实现馆际分工势在必行。有必要在全国灰色文献中心的统筹协调下，制定全国性灰色文献资源建设战略规划，根据不同类型的图书馆职能和定位，指导不同类型、不同地域、不同级别的图书馆依据自身情况划定本馆的灰色文献采集范围和重点，形成灰色文献搜集与组织的科学分工与梯度，既避免重复投入建设，又保证具有国家特色和民族特色的灰色文献资源的齐全，逐步凸显各馆灰色文献馆藏特色，为读者提供在一定时空内更多维度的科技、社会、人文等方面的信息。

第四，注重从业人员业务素养的提升，强化网络灰色文献资源收集。通过电子政务、电子商务、网络教育、网络论坛、开放获取型电子文献、交互式社交平台等形式生产传播的网络灰色文献数量庞大、内容丰富、地址分散、数据类型多。网络灰色文献的生产、传播是时代发展的产物与趋势，是灰色文献搜集整理工作的重要组成部分。相对于传统灰色文献，网络灰色文献的搜集与整理要求从业人员具备更高的现代化业务素养，如电子设备的操作能力、网络阅读工具的使用能力、对网络文献价值的判断力和甄别力、网络文献的规范整理与存储能力等。

第五，实现灰色文献资源规范编目，拓展合作共享范围。目前，制约灰色文献开发与利用的主要因素是灰色文献资源编目不规范，可供读者查找的检索点较少且隐蔽。各收藏机构编目数据格式不统一、不兼容，提高了读者检索灰色文献和共享灰色文献的难度，造成灰色文献的利用率较低，这与灰色文献自身的特点和现行编目规则偏重"白色文献"是分不开的。

五、图书馆智力型信息资源的开发与利用

要想在实际工作中充分发挥智力型信息资源的优势作用，就需要信息工作者进行有效的资源开发，在组合搭配和调整中，为用户提供更为优质和健全的服务与帮助。图书馆在智力型信息资源的开发中，应该加强对系统化知识的整

第七章 大数据环境下图书馆文献信息资源的利用

合加工。

随着近年来我国社会信息化程度的不断提高,图书馆不仅要承担起人类智力型信息资源开发的重要责任,还需要对即时性智力型信息资源进行有效的收集和开发。图书馆的工作主要是为用户提供不同类型的知识产品,主要目的在于对用户的信息结构表现形式进行改进,在全面提升用户知识水平和智力水平的基础上,促进用户大脑的智力开发,实现对其信息捕捉能力的提升。每个人的兴趣爱好和思维方式存在差异,因此图书馆在信息服务工作的开展过程中也需要为用户提供针对性的智力性知识信息,引导和帮助用户实现专业思维的发展,从而构建起更适合用户发展、满足社会进步要求的结构发展模式。

六、图书馆网络信息资源的开发与利用

当前图书馆要想获得长远发展,就要切实加强对互联网的利用,为广大用户提供更为丰富和全面的网络信息。但是互联网的信息资源混杂性较强,信息数量庞大,怎样准确获取更为丰富和多样的网络信息资源成了当前图书馆需要重点研究和解决的关键问题。在某种程度上,这项工作的健全开展也为图书馆网络信息资源深层开发提供了更大的发展空间。

在对图书馆网络信息资源进行深层开发的环节中,可以从以下方面入手。

首先,针对用户提出的要求,在网页中进行搜索,获取各类信息资源,在资源指南的帮助下获取对应信息,之后将检索到的各类信息进行分类筛查和管理,按照一定主题或是内容划分要求进行信息资源的过滤、分类和梳理,从而获取对应的二次文献。在加工和整合信息的同时,提供满足用户需求的有效信息资源。

其次,可以采取在互联网上构建专业性信息资源数据库的方式,在帮助和引导用户进行网络专业信息的集中处理和查询时,有效节省用户所需时间。比如交通科技部门研究所构建的"交通专业网络资源指引库",用户在咨询查找过程中可以获取交通领域的相关数据信息,还能了解与交通专业相关的组织机构。

最后,在科研工作开展中,还要有目的性地实现对网络资源的开发。比如在学科建设环节中,图书馆工作人员可以针对科研课题和研究问题进行专题网络资源和项目研究,还可以将收集到的专业信息制作成网页,并在互联网上进行呈现,最终实现对检索范围的拓展,只有这样科研工作人员才能在浏览网页时获取更为精准的信息,并在查询服务中开展工作。

第三节 大数据环境下图书馆文献信息资源利用的改进策略

一、强化文献信息资源信息化、网络化管理

（一）加强对管理人员技能的培训

若想提高文献信息资源的管理质量，提升公共图书馆运行水平，需要加强对图书管理人员业务能力与信息化操作能力的培养，使其在实践学习中掌握更多现代化技能，并能在实际管理工作中熟练运用。

第一，图书馆领导者需要对当前图书管理人员进行职业技能培训。图书馆应将文献信息资源管理工作的重要性呈现出来并传授计算机方面的知识，使图书管理人员在学习中掌握更多的业务技巧，学会运用信息技术进行图书管理工作；有针对性地开展培训活动，提升图书管理人员的信息技术操作意识，将信息技术与日常的图书资源管理工作充分结合，无形中提升图书管理人员的工作水平。

第二，做好招聘工作。在图书馆管理岗位招聘中，加强对应聘者业务能力、信息操作能力的考评，选择具备专业能力与信息素养的人才担任公共图书馆文献资源管理人员，以此充实当前图书管理队伍，构建一支专业的具备图书资源管理能力、服务能力及计算机操作能力的队伍。

第三，加强对图书管理人员自主学习的引导，要求其与时俱进，学习信息技术与互联网知识，提高自身的知识素养和计算机操作能力，从而实现图书管理人员专业能力培养的目的。

第四，公共图书馆领导者可以建立相应的考核机制、奖惩机制。对业务能力强、计算机使用熟练、工作表现良好的人员进行激励，激发其工作积极性；对于表现能力差的人员，则进行相关的处罚，使其意识到文献信息资源管理工作的重要性，调动基层员工主动发展的意识，以此推动图书管理工作进一步开展。

（二）提升对数字化建设的重视

所谓数字化建设，就是将当前图书馆内的纸质资源转化成数字的形式，并进行数字化基础建设，构建数字图书馆。在实际工作中，可以通过以下几种方

第七章 大数据环境下图书馆文献信息资源的利用

式建立数字公共图书馆。

第一，引入信息技术，做好文献信息资源的数字化管理工作。通过扫描或者音频收集的方式，将纸质图书内容转化成数字图书资源，通过纸质保存与数字化的双重方式，做好图书资源的整理与保存工作，为后续图书资源的使用提供便利。

第二，加强对图书馆基层建设的完善，投入更多的资金、设备与技术，做好基层信息化设备建设工作，为现代化公共图书馆运行提供设备支持。

第三，做好图书馆岗位安排工作，明确各个工作的重点与难点，并要求工作人员根据岗位特点，利用现代化管理模式开展相关的工作，以此保证数字化建设的效果。公共图书馆通过数字化建设，充分显示出"互联网+技术"的优势，使图书管理人员在潜移默化中养成信息化管理意识，提升了图书馆的资源管理效果，促使图书管理工作进一步开展。

（三）优化服务模式

在大数据背景下，图书馆可以通过创新服务模式，提升图书资源管理质量。在实际工作中，图书馆可以利用大数据的优势，调查当代读者的阅读需求，了解不同类型读者对图书类型的需求，并为其提供个性化服务，以此提高图书馆内文献信息资源的利用率。在实际工作中，加强对大数据信息的分析，了解读者喜好，并以此为读者推荐相关的图书，使读者在阅读中获得更好的体验。

在日常工作中，图书馆可以利用互联网构建搜索引擎系统，对从互联网中获取的信息进行分类整合，并建立相关的数据库，将此作为图书资源推荐的依据，为更好地开展阅读服务提供基础保障。此外，还可以利用大数据对阅读群体进行分类，根据不同群体的阅读需求建立不同的文献信息资源模块，如养生类、教育类、心灵鸡汤类等，使读者在阅读的过程中可以根据自身的需求在对应的模块中查找相关的文献，从而提升阅读服务效果。

这样一来，不仅能够提升公共图书馆内图书资源的利用率，还可以实现对读者需求的精准分析与定位，有利于公共图书馆的发展建设。需要注意的是，咨询服务体系的建立也十分重要，管理人员可以利用互联网平台为读者提供借阅建议以及相关的互联网图书资源，让读者可以快速获取需要的信息。

（四）建立公共图书馆网络平台

在大数据背景下，公共图书馆网络平台的建立可以有效提升文献信息资源管理水平，保证文献资料的安全性与利用效果。在实际工作中，可以采用以下几种方式建立公共图书馆网络平台。

第一，建立电子图书数据库。在实际工作的过程中，利用信息技术将图书馆内所有的馆藏资源转化成数字资源，并上传至电子图书数据库，为读者线上阅读提供便利，保证大数据管理的安全性，避免在管理工作中出现信息数据丢失的问题。

第二，做好网络平台功能的规划工作，提升公共图书馆的服务质量。所谓网络功能就是能够根据读者的阅读需求，为其推荐适合的图书类别，减少图书搜索的时间，提升读者的服务体验。

第三，加强对微信公众号的建立，将电子数据库与微信公众号的功能结合，利用公众号互动交流的特点与读者进行互动，收集读者阅读信息，并根据其日常阅读特点为其推荐相关的图书资源。这种方式不仅可以更好地展示出公共图书馆网络平台建立的意义，同时能够保证文献信息资源管理质量。

二、完善文献信息资源数据库

我国图书馆之间往往是独立发展建设的，馆与馆之间缺少适当的合作联系。由于管理方式不同、图书管理人员专业素质的高低不同，图书馆的发展情况也不同，导致各图书馆馆藏文献的质量有高有低，图书馆的发展水平长期处于低迷状态。要想有效解决这一问题，就要将各个图书馆拥有的文献信息资源进行共享，并通过联机编目的方式，健全和完善文献信息资源数据库，避免不必要的整合劳动。多个图书馆建立一个数据库，方便文献信息资源的管理，共享文献信息资源，从而实现信息化、数字化的管理方式，达到低劳高效的效果。图书馆应采用网络化的管理方式，根据图书馆本身拥有的文献信息资源，模仿建立本馆的数据库，这样既加快了建立数据库的速度，还能顺便建立其他书目数据库，如论文库、期刊库等。

除此之外，图书馆的类型不仅包括各个地区的公立图书馆，还包括学校的图书馆，学校作为教育场所，其图书馆贮藏的文献类型往往学科专业性较强，在长期的形成发展中已经具备了自身特色。学校图书馆在建立数据库时，要注重长期以来奠定的发展基础，根据学科特点、学校特点、阅读人群特点，建立具有专业特色的数据库，使数据库可以有针对性地为特定人群服务。总之，建立数据库是图书馆进行文献信息资源科学整合与管理的必要手段。

第八章　大数据环境下公共图书馆智慧服务体系的建设

随着大数据时代的到来，公共图书馆的传统公共服务能力已无法满足人民群众日益增长的文化服务需求，构建智慧服务体系已成为公共图书馆发展亟待解决的主要问题。基于以上背景，本章以公共图书馆智慧服务体系为研究主题，分析了公共图书馆智慧服务体系构建的重要性，探讨了新时期公共图书馆智慧服务体系构建的具体策略，以期促进公共图书馆服务质量的提升。本章围绕公共图书馆智慧服务平台的服务优势、公共图书馆智慧服务的特征、大数据环境下公共图书馆智慧服务体系的构建三部分展开，主要包括公共图书馆智慧服务平台的构建理念、公共图书馆智慧服务的优势、公共图书馆智慧服务体系具体模式及特征等内容。

第一节　公共图书馆智慧服务平台的服务优势

一、公共图书馆智慧服务平台的构建理念

公共图书馆智慧服务平台的建设与"互联网+"概念的提出关系密切，图书馆智慧服务平台与"互联网+"的融合根源在于二者理念基础相同，都是基于当前海量的信息资源，并强调以读者的需求为出发点和落脚点。图书馆智慧服务平台借助"互联网+"的融合优势，以读者为中心，注重读者在阅读方面的个性化需求，根据读者的多样化需求制订不同的阅读计划，提供不同的文献资源。图书馆智慧服务的突出特征在于充分利用数据信息在读者服务中的突出作用，针对不同读者的专业、职业、学习需求、科研需求及其他特殊需求，主动提供和推送个性化服务，并能对读者的潜在阅读需求进行预测并提供相关文献资

源。图书馆智慧服务平台的建设也应借助新兴信息技术得到不断更新，适应自身发展的需求。

随着新兴技术的深入应用，公共图书馆的服务理念与技术组成发生了巨大变化，图书馆智慧服务平台建设也将逐步打破传统思维的限制，趋向于自助式智慧服务模式，读者阅读的主观性和参与度不断提升。公共图书馆智慧服务平台还将促进整个图书馆行业与馆际服务之间的开放，形成竞争创新的新局面，同时能将资源、服务、读者、活动等积极要素汇集在一起，形成高度开放的文化交流空间，从而形成资源优配、服务集成、智慧便捷的新型智慧服务模式。

二、公共图书馆智慧服务平台的技术支撑

公共图书馆智慧服务平台的建设基于以大数据、云计算为基础的现代新兴信息技术，这些核心技术的深度融合促进了移动信息服务的不断完善和优化，读者与图书馆之间的时间与空间阻碍逐渐消失。公共图书馆智慧服务平台的技术基础是综合新型技术，涵盖移动终端技术、智能感知技术、物联网技术、云计算技术、大数据技术、普适计算技术等，并以此为支撑对图书馆进行数字化升级，与云端图书馆、移动图书馆进行深度融合和智慧互联。

当前，图书馆已经开始投入使用的无卡化智能识别系统就是基于人脸感应技术，通过对原来的门禁软件和硬件进行改造，升级业务系统和门禁系统，实现无卡化入馆；基于RFID技术的信息采集系统能够收集读者阅读文献的类型、数量、频次，并进行归类分析，为后续信息推送提供数据支撑；对于专业性较强的读者，图书馆还能结合读者的教育背景、学术研究方向以及知识平台浏览痕迹，为读者检索、加工与推送较为精准的学术资源。技术因素驱动下的图书馆智慧服务平台能够实现读者自助服务与个性化服务的有机结合，并且能够实现资源互联、人书互联、人馆互联与馆际互联。

三、公共图书馆智慧服务平台的服务优势

（一）资源优化配置功能突出

当前，物联网技术已较为成熟，智慧化设备应用较普及，技术因素成为推动图书馆智慧服务平台建设的主要动力。图书馆智慧服务平台能够充分发挥大型图书馆总分馆体系以及现代化阅读方式的优势，对馆藏资源与网络资源进行整合，优化资源配置，形成科学的文化知识服务体系，适应当前读者多样化的现实需求。建成后的图书馆智慧服务平台能够实现自身服务职能优化与服务范

第八章 大数据环境下公共图书馆智慧服务体系的建设

围全覆盖,对基层图书馆(分馆)资源进行整合,形成全新的信息交流和服务中心,完善图书馆自身的服务体系,提升公共教育服务效能。图书馆智慧服务平台的建设还将促进"智慧城市"的建设,提升城市的资源共享水平和基层文化服务水平,协助构建优秀文化资源传播体系。

(二)文化资源供给渠道多样

公共图书馆智慧服务平台的基础是海量的优质资源,建成后的平台将以文化资源的智慧供给为切入点,力求打破传统图书馆资源供给不平衡的不良状况,构建智慧服务机制。图书馆智慧服务平台还能通过发挥自身的信息技术优势,促进阅读系统和服务系统的深入融合,形成高效优质、便捷智慧的读者服务新模式。

当前,部分图书馆已经实现的平台服务功能就是依托微信公众号为读者提供内容丰富和形式多样的智慧阅读服务。读者仅需在公众号中填写身份信息就能生成代表借书证的二维码,极大地简化了读者的借阅程序,也减轻了馆员的服务负担。

(三)读者服务形式多元

公共图书馆智慧服务平台的建设以读者现阶段的多样化需求为出发点,构建基于读者需求的全方位公共文化服务体系,弥补了以往资源短缺、服务形式单一的不足,能够很好地适应当下新时代读者的新需求。人本理念是图书馆智慧服务平台的理念特色,从平台的设计到功能的实现均以读者的需求为基础,提倡读者服务权利的均等化。在具体的读者服务方面,普通市民通过扫描二维码就能获取图书馆服务信息,实现了资源的数字化检索与数字化阅读。数字化参考咨询也能通过图书馆智慧服务平台实现,读者通过线上电子咨询台就可以向图书馆咨询各方面的信息,平台也会以智慧服务的形式向读者提供便捷的信息服务。

第二节 公共图书馆智慧服务的特征

一、公共图书馆智慧服务的优势

(一)智慧服务有助于满足读者的个性化需求

进入数字化时代,图书馆的智慧服务逐渐升级。所谓智慧服务,是指精准识别读者群体的需求，并致力于满足读者的个性化需求，强化读者的感受和体验。基于智能化、个性化的智慧服务在服务方式和服务内容上与传统服务存在明显区别，图书馆智慧服务是图书馆服务的高级阶段，体现了信息技术的价值和作用。一般情况下，图书馆通过收集读者的相关信息和数据，准确了解读者的借阅习惯和知识服务需求，并以此为基础对图书馆的知识资源进行有效整合，为读者提供针对性的服务。

具体而言，一是通过对读者借阅习惯和信息查询等数据的分析，为读者提供近期热门图书、借阅情况等信息推送服务；二是基于读者的个人基本信息、检索信息和历史记录等总结读者的阅读偏好，向读者推送其可能感兴趣的知识资源；三是根据读者的借阅习惯和借阅信息，有针对性地为其提供书刊和文献。概言之，随着信息技术的发展，图书馆能够为读者提供的智慧服务将更加多元化、人性化和智能化。

（二）智慧服务有助于提供丰富的资源

大数据时代对图书馆的服务方式产生了较大影响，越来越多结构化和非结构化数据的出现，使得图书馆在服务过程中必须将数字化、智慧化服务作为重点，通过打造智慧服务模式为读者提供丰富的数据资源。当前，图书馆逐步实现了对传统纸质图书信息的数据转化，同时借助云储存、云计算、数据挖掘、大数据处理等技术，分析海量数据，为读者提供个性化的智慧服务。

未来，读者无论是到图书馆现场借阅、查询图书相关信息，还是在远程客户端登录图书馆智慧服务平台查询图书相关信息，都会被图书馆系统记录下来；图书馆借助大数据分析，可以了解读者的兴趣爱好和需求，并在此基础上实现对海量信息的提取、对比，为读者提供更科学、合理的推荐结果。

二、公共图书馆智慧服务的特征

（一）智慧服务的人文性

人是智慧图书馆的核心要素，同时也是智慧图书馆构建及服务的对象，因此，智慧图书馆在服务的过程中，必须注重人文关怀。

首先，工作人员在服务图书馆读者时，必须树立公平、公正的态度，一视同仁地对待各个读者。若读者的要求较为简单，不可搪塞敷衍；为要求较为严苛的读者服务时，要保持足够的耐心，高效化地完成其所提出的要求，使得读者能够倍感温暖和关怀，更好地感受智慧图书馆的与众不同，提高其对图书馆智慧服务的满意程度，这样图书馆才可以在竞争激烈的市场当中站稳脚跟。

其次，图书馆在管理图书馆工作人员时，要为其提供适宜的工作环境，适当地提升薪资待遇水平，这会让工作人员对图书馆的归属感变得更加强烈，同时也可以使其积极主动地为读者服务，强化并提升自身的服务能力。图书馆应以现代发达技术为基准，让读者、资源、工作人员三者保持紧密互通的连接关系，展示出以人为本的中心原则。

（二）智慧服务的理念性

智慧图书馆的服务本质就是馆员利用智能化设备等为读者提供更为丰富的知识服务，挖掘信息资源，分析读者的需求，为其提供定向、针对性的服务。理念性的服务主要分为职业精神以及价值理念两方面，馆员要想进行理念性的服务，就必须掌握一定的沟通交流技巧，多和读者进行交流，让读者能够更好地享受阅读并爱上智慧服务，满足读者不断变化的信息诉求。图书馆应积极地构建服务技术平台，注重信息汇集、泛在聚合以及协同感的设计，时刻关注读者的实际信息需求，使得读者能够无障碍地应用图书馆内的各项资源，跨越时空，满足自身多元的信息需求。

（三）智慧服务的智能性

智能性服务主要是利用网络技术等，为读者提供较为高效的服务。图书馆可以利用物联网技术，使读者可以自觉、自主地借还书籍。图书馆还可以将移动网络当作载体，转换数字图书馆中的资源，读者可以依据自身的诉求，随时随地地下载资源，并且不会受到时间或空间的限制。另外，图书馆还可以使用情景感知技术，把数字图书馆和实体图书馆相融合，这样读者就可以更好地感受到图书馆的智慧服务。

第三节 大数据环境下公共图书馆智慧服务体系的构建

一、公共图书馆智慧服务体系具体模式及特征

（一）图书馆智慧服务体系模式

图书馆智慧服务体系模式是采用先进的智慧服务理念，通过物联网、大数

据、云计算等核心技术改变读者、图书馆、资源之间的信息交互方式，提升读者服务的明确性、灵活性与响应速度，进而实现读者服务与内部管理的智慧化转型。图书馆智慧服务体系模式的发展目标是在无人工干预的情况下顺畅完成各种形式的读者服务，从而达到真正"智慧"的预设目标。

图书馆智慧服务体系构建的出发点是构建资源互联、人书互联、读者互联、随时随地、任意方式的理想服务模式。公共图书馆是地域内文化发展的重要场所，文化属性与社会服务属性较为突出，其对于所属区域的智慧社会建设具有重要的促进作用，承担着所辖区域居民文化素养提升的重要责任。

因此，各图书馆应在新时期全力打造智慧服务体系，将技术作为重要支撑，将全网的高质量资源作为依托，构建集读者、图书馆、资源于一体的协同发展模式，最终形成集优质资源、核心技术、高效服务、专业馆员与高素质读者为一体的智慧服务协同体。

（二）图书馆智慧服务体系特征

当前，公共图书馆智慧服务体系的主要特征包括读者中心理念、万物互联共享、特征智能感知与资源优势融合，如图8-1所示。在具体服务过程中，读者中心理念强调当前公共图书馆各项服务的转型与优化需围绕读者需求开展，积极利用各项智慧手段推动服务的便捷高效发展，用较低的成本满足高效率的读者阅读服务性指导；通过万物互联共享构建图书馆与外部社会网络之间的交互合作关系，从而满足读者个性化的阅读需求；通过特征智能感知全面捕捉、记录、分析和预测读者的阅读行为与偏好信息，完成读者的潜在阅读及服务需求分析，为图书馆下一步优化自身服务提供全面的决策参考；资源优势融合能集中图书馆的资源、核心技术、专业馆员等优势资源，优化馆内的资源配置，建立服务形式多样的信息服务体系，促进各类优势资源的协同发挥。

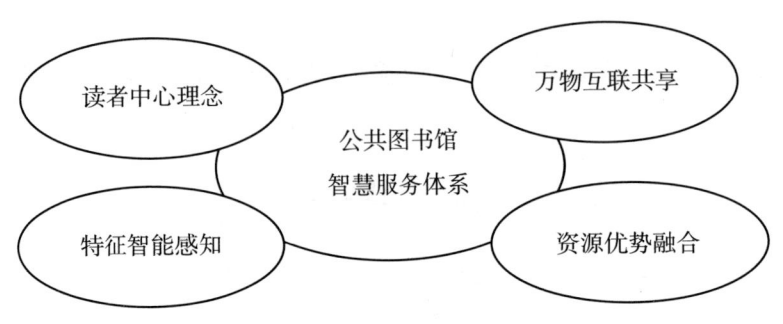

图 8-1 公共图书馆智慧服务体系特征模式图

第八章　大数据环境下公共图书馆智慧服务体系的建设

（三）图书馆智慧服务体系构建要素

当前，图书馆智慧服务体系构建的核心要素有三个，即馆藏资源、核心技术与优质服务。其中，馆藏资源是图书馆构建智慧服务体系的基础与前提，核心技术是支撑，优质服务是最终目标。

首先，馆藏资源是智慧服务体系中为读者提供数字化、精准化、个性化服务的基础性要素，图书馆在信息环境下需变更以往传统的资源采购模式，在转变服务理念的基础上充分利用智慧技术万物互联共享的突出特征，在全网范围内获取读者需求数据，全面加强馆藏资源建设，逐步形成智能化的资源引进与共享机制。

其次，核心技术是实现图书馆智慧管理的根本保障，也是馆内资源、读者、设备管理的重要媒介。在图书馆智慧服务体系中，核心技术协助构建服务主体构架，保障整体高效运营，促进资源的传播与交流。

最后，优质服务是图书馆智慧服务体系的最终目标，其中包含常规性知识服务的智慧化转变、智慧设备的使用与维护，还包含嵌入式的知识深化服务，能够满足不同层次读者的阅读需求。

二、公共图书馆智慧服务体系现阶段存在的问题

笔者通过对公共图书馆智慧服务研究文献的梳理和公共图书馆智慧服务实践的考察，发现公共图书馆智慧服务体系目前仍存一些现实问题。

（一）发展缺乏理论支持和引导

1. 研究内容过于表面化

学者们对智慧图书馆的研究尚处于概念阶段，多数是基于某种技术展开对智慧图书馆的论述，并未体现出技术与图书馆的融合；缺少统一的行业技术标准；对智慧馆员培养的研究过于笼统，缺乏实际操作；对智慧图书馆实践应用系统的研究过少，理论与实践结合不紧密。

2. 研究领域有待拓宽

虽然针对智慧图书馆的研究由最初的概念、特征发展到技术、服务等方面，但有些在智慧图书馆实际操作中可能存在及出现的问题尚未得到重视，比如馆藏保护问题、数字资源版权问题、人力资源配置与管理能力不均衡的问题等，目前国内学者针对这些方面的研究成果较少甚至尚未涉足。

3. 社会重视程度不够

智慧图书馆的实践探索多以高校图书馆为主，对公共图书馆的研究力度不大，研究和实践者不多，而且普遍缺乏与技术研发企业的紧密配合，公众认知度偏低，不利于未来智慧图书馆的普及和长久发展。

（二）智慧图书馆服务建设仍未形成体系化

目前，我国公共图书馆的智慧服务体系建设仍处于起步阶段，缺乏具有代表性和借鉴意义的典型案例，一些图书馆在智慧化转型中，存在喊口号、建环境、投设备、堆资源等问题，追求短期效益，缺乏中长期目标和规划，发展方式过于粗放，实施方案不够系统、不够全面，在智慧转型过程中的资源、技术、人才投入调整不及时，结构不合理等，使公共图书馆智慧服务体系建设难以行稳致远。

（三）服务主体和服务客体的技术能力均有待提高

1. 服务主体的技术能力有待提高

在公共图书馆智慧服务体系建设中，人才建设和队伍建设是重中之重。任何先进理念的落地，任何新兴技术的应用，第一要素首先是技术能力过硬的服务主体。没有智慧馆员，智慧图书馆永远只能是空谈。公共图书馆智慧化建设，对馆员的多方面能力，特别是信息技术能力提出了新的要求。目前，我国公共图书馆馆员普遍缺乏新技术环境下的创新理念、改革意识、技术能力和信息素养，这也极大地制约了公共图书馆智慧服务体系的全面构建和健康发展。

2. 服务客体的技术能力有待提高

社会需要和用户需求是促进公共图书馆智慧服务体系不断建立健全的核心驱动力，而服务对象的能力和素养在一定程度上影响其使用图书馆的效果和效益。信息素养的缺乏和技术能力的不足，让本应实现协同效应的服务主客体之间存在技术障碍和认知隔阂，极大地影响了公共图书馆智慧服务体系的确立和构建。

3. 盲目的技术崇拜造成发展割裂

公共图书馆智慧服务体系构建的基本前提是云计算、物联网、大数据、RFID、区块链、人工智能等技术的飞速发展和普遍应用，因此一些公共图书馆将智慧服务体系建设片面地理解为技术的引进和投入，不顾用户需求和发展现状，大搞技术跃进，轻视人力资源建设，忽视配套制度建设，错将标新立异、博人眼球的"技术烟花"当成创新服务举措，偏离智慧服务体系建设的正确航线，造成资源的浪费，错失发展的良机。

第八章 大数据环境下公共图书馆智慧服务体系的建设

三、公共图书馆智慧服务体系的构建策略

(一)完善图书馆智慧化的服务环境

1. 智能化设备

设置 RFID 自主借还系统设备,通过该设备可以对有该标签的资料、图书进行扫描、识别、借还的处理。读者可以通过身份证、一卡通、读者卡等多种卡进行身份验证,实现自助借书、还书等服务。该设备通过智能屏显示,操作简单,读者可以进行自助借书、查询、续借、还书、缴费等操作,利于读者自主操作,节省时间。

2. 自助办证机

自助办证机是通过二代身份证的身份信息认证,帮助读者自助进行查询、扣费、缴费、打印凭条等功能的设备,有利于减轻图书馆工作人员的工作量。在图书馆人力资源少的情况下,自助办证机可以减少人工办理的手续,简化办理过程,节省时间,从而提升图书馆的服务质量,降低图书馆工作人员的劳动强度。

3. 智能图书盘点机

智能图书盘点机是指可以通过大数据去计算、统计图书的借阅情况、储存情况等,提供图书盘点、图书上架、图书下架、图书定位、图书增加、图书借出等查询功能的设备,能够辅助图书管理员进行图书馆资料数据采集及图书查找、图书盘点等工作。

(二)加快相关标准、制度等法律及政策的出台

1. 细化经费拨付条目,设立智慧服务专项经费

《中华人民共和国公共文化服务保障法》第 45 条建立了各级政府根据公共文化服务的事权责任和支出安排所需经费的基本制度,但此条法规比较宏观,只对拨付文献资源购置费有明确的预算经费项目,智慧服务相应经费未列入具体预算条目。为保障智慧服务体系持续运转,各级财政部门在制定经费预算时应增加预算项目,对公共图书馆开展智慧服务涉及经费具体条目进行细化,将各级公共图书馆智慧服务硬件设施及软件设施购置费、运营费等费用纳入其中。

2. 完善用户信息条目,确保用户个人信息安全

公共图书馆智慧服务体系是以人脸识别技术、RFID 技术、大数据技术、

定位技术等为支撑的，依托这些新兴信息技术实现数据挖掘、资源整合、信息推送等，服务过程中需要获取肖像、姓名、性别、身份证号等用户个人信息。现在《公共图书馆法》在用户个人信息保护方面存在"保护义务主体失之过窄""侵权行为未全面列举""未对用人者责任做出规定"的问题。相关部门应从"根据对用户信息数据的实际控制来确定保护责任人""对侵权行为全面列举""对用人者责任做出规定"三方面，完善现有《公共图书馆法》相关条目，避免公共图书馆智慧服务陷入侵犯用户个人隐私的纠纷中，在确保用户个人信息得到法律保护的同时，推动智慧服务合法化进程。

3.制定智慧服务标准，规范智慧技术应用服务

随着智能时代的到来，公共图书馆不断改变服务方式、调整服务模式，逐渐引进智能设备，为用户提供更为优质、高效的服务，运用物联网技术、云计算技术、大数据技术等搭建数据平台，开展借还、检索、咨询等服务项目的智慧服务，为用户提供高度自动、个性鲜明的定制式、体验式服务。但目前，智慧服务尚处于"各自为政"的状态，各级公共图书馆开展智慧服务时涉及的技术应用与相关服务没有统一的标准，不利于未来智慧时代图书馆全域资源的融合与对接。面对这一现状，制定智慧服务技术应用与服务标准成为当务之急。

（三）构建自上而下、由点到面的智慧服务体系

1.以各省域联盟为基础，建好全国智慧服务体系根基

馆藏资源、智能设备、智慧馆员是各级公共图书馆开展智慧服务的基本保障，各省级公共图书馆因其服务地域、服务人口及行政级别的天然属性，具有优于其他各级公共图书馆的资金、资源和人力优势。建立各省域公共图书馆联盟，将省域内各市、区、县级公共图书馆设为智慧服务体系的节点，通过联盟体系建设共享省级公共图书馆现有资源，缩小省域内联盟成员的资源差距，尽量达到各省域内智慧服务资源配置平衡，同时将各级公共图书馆的特色资源通过联盟平台进行分享，做到互通有无、优势互补，从而做好智慧服务体系根基建设工作。有学者对我国20家省级公共图书馆联盟建设情况进行调查，结果显示大部分已建立省域联盟。例如，陕西省公共图书馆联盟，其成员馆已经达到107家，在全省公共图书馆中的占比达到96.3%，基本建立起了全省公共图书馆文献资源信息互联共享体系。

2.以跨区域联盟为框架，夯实全国智慧服务体系结构

2021年是"十四五"开局之年，各图书馆如何谋篇布局，实现"十四五"期间的高质量发展，开好局、起好步至关重要。公共图书馆应搭建以各级公共

第八章 大数据环境下公共图书馆智慧服务体系的建设

图书馆为节点、以省域联盟为基础、以跨区域联盟为框架，由点到面的交互式智慧服务体系。图书馆人应该认真谋划、制定智慧服务体系建设的近期、中期及长期目标，指导其成员馆融合和使用新一代智能技术，开展智慧知识生产，实现图书馆资源智能管理，以满足多元化、个性化、智能化、智慧化、绿色化等知识服务需求。例如，湖南、湖北、江西、安徽、山东、河南六省公共图书馆成立了中部六省公共图书馆联盟，计划在协调文献采购、编制联合书目、共同开发文献、加强古籍保护和资源共享、交流办馆经验、建设数字资源、培养专业人员、开展研讨活动等方面开展合作。

3. 以全国性联盟为链接，打造全国智慧服务体系架构

党的十九大报告提出建设"智慧社会"，从社会全局出发，进行城乡一体、"四化"同步的智慧化发展顶层设计，为国家发展、社会进步、科技创新以及个人终身学习和全面发展提供智慧化知识信息服务，既是智慧社会建设的重要目标与内容，又是智慧社会带给图书馆的历史机遇与时代挑战。公共图书馆应紧紧抓住这一机遇，打造以用户为中心、全时空智慧化服务的智慧图书馆。2020年，国家图书馆提出全国智慧图书馆体系建设思路，推动全国图书馆空间、资源、服务、管理的全面智慧化升级，使图书馆事业更好地服务于国家创新发展和公众学习阅读。打造以各省域图书馆联盟为基础、以跨区域图书馆联盟为框架、以全国性公共图书馆联盟为链接的智慧服务体系，形成国家级知识仓储，逐步构建图书馆智慧服务体系，应成为各级公共图书馆"十四五"期间的重点目标和任务。

（四）将新技术引入智慧服务

1. 5G+区块链技术

（1）用户体验与用户隐私并存

多元化与精准化的服务要求图书馆必须充分挖掘用户的信息和行为数据，致使用户为防止自身隐私的泄露，有意识地在注册与使用图书馆服务的过程中将自己的真实信息进行隐藏，导致用户体验提升与用户隐私保护间的矛盾日渐突出，而5G+区块链技术可以有效地解决这一矛盾。

5G+区块链技术的结合能够实现分布式身份系统的构建，也就是与5G应用场景相结合的同时，将区块链技术的特征充分发挥出来。这项系统的组成主要分为两部分，一部分是用户的唯一ID，另一部分是此ID下权威机构给用户颁发的认证声明，用户的真实隐私信息不在涉猎范围之内。每一个用户在区块链技术下被置于分布网络之中，利用共识机制建立信任，用户所需的服务可利

用多个认证声明来得到，但其与任何机构都无关，公有链中此用户的真实信息是其他用户不能得到的，能够绝对地保障用户数据的安全与隐私。速度高、时延低的5G特征使区块链节点部署在各个角落，更能确保区块链网络的运行效率；分布式节点还可以是任一物联网的设备，更加确保了分布式身份系统的落地。

图书馆应用场景中存在大量的用户个人信息，其中包括用户注册信息，各类应用系统的使用、借还信息等。用户在分布式身份系统中运用速度高与时延低的5G，其所需的资源能够在整个区块链内很快地获得。此外，上载内容可设置为公开、不公开、限制公开，用户利用区块链私钥按照需求任意选择开展管理，个性化服务更强。用户深度体验场景化的需求也可以通过5G得到满足，用户利用区块链自己掌握自己的数据，他人若想访问需经过数据主人的同意。因此，5G+区块链既能解决用户体验提升和用户隐私保护间的矛盾，还能由用户自己全权决定自己的体验内容，体验速度与用户隐私都可得到保障，确保智慧服务的高效与安全。

（2）平衡去中心化与图书馆的利益

区块链技术的主要特征就是去中心化，其优势包括：一是运用分布式节点来传播信息以及进行数据维护，缓解用户依赖图书馆的现象，传统以生产、提供、保存信息资源为图书馆的中心地位也因此发生了改变。二是图书馆由信息传播者转变为组织管理者，从而更全面地收集信息，确保用户各种各样的需求都可以得到满足。作为组织管理者的图书馆，不仅可以评级信息，还能对外推广信息，使越来越多的用户乐于参与其中。三是区块链技术能够智能地处理用户交易繁杂的过程，使图书馆服务器设备、人力资源等支出得以节省。四是实现资源的开放性，均衡资源，减少重复建设。然而，去中心化的区块链技术特征为图书馆带来了风险与利益的损害，具体包括：一是削弱了资源建设与集中存储方面图书馆的主导地位，其中心组织者的利益也被损害了；二是不可篡改性的区块链技术特征在处理错误数据方面难度高；三是图书馆的科研服务价值也因科研区块链的共识而被弱化。

图书馆在5G技术下获得了新的机遇，一是图书馆可以通过5G技术进入应用场景内部，并在打造用户高端体验上全面投入人力、物力与资金，加大沉浸式体验内容的开发力度，使用户体验效果得以提升；二是利用速度高、时延低这一5G特征，图书馆内一部分能够实现去中心化，内管进行管理作为私钥重要的资源，用户想要在线使用就必须进行注册或购买，5G环境下可以保障最佳的在线使用效果；三是5G能够实现图书馆服务的延时低与区域化，确保

第八章 大数据环境下公共图书馆智慧服务体系的建设

信息流通的高效性，使所有人的权益得到保障。总而言之，通过区块链技术，图书馆给予用户的各种服务更加透明化，同时，图书馆运用5G技术能够找到去中心化的优势与自身利益维护间的平衡，最大化地发挥出图书馆智慧服务的效能。

（3）分布式节点与交易时确认之间的相互配合

用户、图书馆同属于区块链上的分布节点，知识的传播需要区块链上全部图书馆与用户的共同维护。图书馆智慧服务正逐步实现价值服务，使具备价值的数据向更高的价值节点流动，达到资源共享的成本低、效益高。但是，智慧图书馆在建设资源与传播数据的过程中，区块链上的分布式节点之间存在着越来越多的互动，以及海量的非结构化数据，都会增加数据的传播量，网络拥堵导致交易的确认延时，终将带来时序错乱、提交重复等问题，区块链上所有节点的利益与体验效果都将大打折扣。

实现速度高、时延低的节点通信于万物互联分布式节点的作用重大，而5G网速能使所有节点间数据传播的高效性与实时性得以保障。覆盖范围广是5G技术的另一个显著特征，网络存在于社会之中的各个角落，如此可摆脱分布式节点交易时间与空间的限制，用户对高质量服务的享受也不再受时间和空间的束缚。核心区块链拥有完整的数据，且工作量十分大，其节点的数量大，对于交易必须具备及时性，想要实现以上要求，就必须基于5G技术应用环境。

此外，图书馆智慧服务中图书馆与用户间的关系是相辅共生、互推共进的，5G+区块链技术在技术上有力地保障了相互辅助关系的构建。5G+区块链技术在图书馆智慧服务中的应用，仅代表了图书馆与信息技术互融的一个层面，其亦能在数字版权、社会教育等领域中应用，能够完全打破人们对图书馆在传统意义上的认知。

2. VR技术

（1）智慧图书馆的虚拟漫游导航服务

借助3D模拟和场景仿真技术，通过图像处理、音视频链接等方式进行多维场景设计和空间呈现，智慧图书馆可充分利用VR技术的虚拟性构建虚拟漫游导航系统，以开展动态漫游服务。通过这个系统，用户只需佩戴VR设备，如Google Cardboard虚拟现实眼镜等，便可方便、快捷、直观地对图书馆进行360°的全景感受，其功能齐全、流程便捷。在虚拟漫游导航系统中，用户能如同身临其境般参观图书馆，了解其场馆分布、熟悉馆藏特色、进行资源浏览，并进行特色功能体验。在进行智慧图书馆虚拟漫游导航体验时，用户还能享受到智慧图书馆提供的资源获取、整合、维护、发布、存贮和代理等泛在的、及时的特色服务，极大地感受到高效、精准和优质的服务。

在 VR 技术的支持下，智慧图书馆能让用户获得良好的空间沉浸感和人机交互体验。智慧图书馆用户可使用数据头盔在虚拟漫游导航系统中对图书馆的物理空间、结构以及资源产生空间沉浸感，生动、立体地体验和感受图书馆的场景及布局；还可使用数据手套灵活便捷地操作和改变智慧图书馆中的虚拟物体的方位，通过嵌入式计算机界面，充分展示和表达信息，规划漫游路线，实现人机互动，进行漫游体验。

（2）智慧图书馆的文献信息资源服务

为用户提供尽可能多的信息资源服务，是智慧图书馆的不懈追求。VR 技术可有效克服传统实体图书馆古籍资源易损易坏、不易辨识等缺点，能将传统二维平面图像扫描成为三维立体化资源，不断提高图书馆的服务水平和质量。利用 VR 技术，智慧图书馆可让用户实时掌握图书馆的文献信息资源状况，为用户提供信息资源获取、信息资源整合、信息资源维护与发布等服务。借助 VR 设备，用户可对智慧图书馆的显示系统进行传感或操作，在虚拟阅读、资源评价与推介等方面进行自助服务或个性化服务，不断满足自身对文献信息资源的需求。除了为用户提供数字化、智能化的文献信息资源服务外，智慧图书馆还可实现用户与用户间的实时交流和互动，使用户能够对文献信息资源进行实时的标注、评议及交流等，开展结构化信息服务，这些服务都是 VR 技术支持下智慧图书馆的功能优势。

（3）智慧图书馆的信息检索可视化服务

借助三维可视化功能，VR 技术的可视化特性能有效提高智慧图书馆信息检索的查全率和查准率。在用户提交信息检索需求时，智慧图书馆可将用户需求、检索语义、文献资源同步整合，以可视化的形式灵活展现检索过程和结果，让用户享有精准、高效、优质的检索服务。可视化技术除了能让用户灵活地开展信息检索外，还能帮助用户在海量信息中主动发现知识，这是智慧图书馆为用户提供的又一项创新性服务。结合 VR 技术，智慧图书馆将人机交互信息进行可视化显示，帮助用户挖掘知识间的深层次关系，让用户能更加生动、准确地得到检索结果。

此外，在进行馆藏目录检索时，VR 技术能让用户充分发挥主动性和创造性，灵活选取检索手段和方式，将检索过程和结果进行自由组合或创新，帮助用户发现知识结点与结点间的关系，形成新的知识体系。

第八章 大数据环境下公共图书馆智慧服务体系的建设

（4）智慧图书馆的虚拟参考咨询服务

相较于传统的参考咨询服务，借助VR技术的交互性和沉浸性，智慧图书馆提供的虚拟参考咨询服务的服务质量和效果也大为改善，用户获取的信息也更加准确和多样。智慧图书馆在开展虚拟参考咨询服务时，可充分发挥感知能力和想象力，为用户提供实时的、在线的、可视化的互动咨询，有利于用户获得良好的参考咨询服务体验和效果。VR技术拓宽了智慧图书馆虚拟参考咨询服务的内容，打破了传统参考咨询服务的时空限制，创新了虚拟参考咨询服务的方式和内容，让咨询馆员与用户能更加深入、灵活地进行交流和探讨。通过充分发挥VR技术的主要优势，智慧图书馆能更好地为用户提供多样化和高质量的虚拟参考咨询服务，从而发挥智慧图书馆的核心优势。

3. 人工智能技术

人工智能技术在视觉识别、机器学习等方面均具有优秀的运算能力，能够模拟人类神经网络进行主动学习和智能分析，进而完成一系列的复杂任务。随着信息时代的发展，公共图书馆向着素养教育、智能问询、知识检索和多元化用户服务需求等方向快速发展。利用人工智能技术赋能公共图书馆升级和智能化检索，是图书馆智慧化发展的必然趋势。

（1）智能信息资源检索

在大数据时代，公共图书馆能够获取和存储大量丰富的数字资源，在促进公共图书馆快速发展的同时，对图书馆的服务职能和工作内容提出了更高的要求。人工智能在语音识别、人脸识别、机器翻译等领域，均具有独特的信息编译、信息提取和学习训练等优势。因此，在公共图书馆文献数量快速增加而出现信息过载问题的大数据时代，利用人工智能技术强大的信息检索功能，快速、准确地从纷繁复杂的信息数据库中检索出相关数据信息，围绕用户需求打造更可靠、更深入和更便捷的服务体系，不断提升公共图书馆的现代化服务水平尤为重要。基于人工智能技术的语义网，经过内部推理和知识数据库搜寻，能够帮助用户实现智能检索，确保用户高效搜索需要的文献资源。

基于人工智能的信息资源检索模型包括用户请求模块、信息检索处理模块和资源库三个部分。当用户输入检索关键词或关键语句后，模型自动进入信息检索处理单元，由人工智能推理机根据检索内容在资源库进行信息抽取和智能比对，并根据逻辑表达式形成对应的知识库，将检索结果排序，最终经人机交互平台提供给用户。

（2）智能定制服务

目前，大数据、5G、云计算和人工智能等先进技术与公共图书馆进行了跨领域有机融合，为从海量数据中给用户提供有价值的资源数据提供了先进的技术支持。公共图书馆用户群体的知识背景差异导致其对信息资源的需求具有明显的个性化特征。人工智能技术利用具备主动学习和泛化运算能力的神经网络，根据用户个人基本信息资料、兴趣爱好信息库等数据智能分析用户个人需求，对用户偏好门类、方向和兴趣点进行标签化处理，并在此基础上对用户群体进行整理归纳和深度聚类分析，以划分用户类别，并根据用户动态需求实时推送用户感兴趣的内容，实现用户需与求的精准匹配。另外，人工智能技术可以根据神经网络的自动预测分析数据预判用户行为趋势，实现用户类别、用户行为和用户特征的相互耦合智能判断，为公共图书馆的不同用户群体提供可视化、个性化的服务产品。

（3）智能辅导服务

在大数据时代，公共图书馆管理人员应该转变传统管理观念，树立主动服务理念，开展特色信息化服务。在进行馆藏资源盘点管理时，应加强RFID、语言处理等智能技术的应用，按照编码排序、语言规则等要求完成图书、文献等资料的信息检测，经语义判断自动滤除垃圾信息，并根据归档要求自动整理成数字化馆藏资源。针对语音、图像和视频等资源，可以利用人工智能的语音识别、图像捕捉等运动跟踪功能进行数据信息资源的分析和图像纹理特征数据的采集，并对相关信息进行分类处理，为公共图书馆信息资源管理提供支持。

同时，图书馆应结合人工智能技术，根据用户需求建立图书馆在线学习辅导平台，为用户提供线上交流、答疑等智能辅导服务。学习辅导平台可以根据用户信息和个人爱好，结合用户的动态需求、时间安排等要素智能制订相关课程的学习计划。用户可根据实际情况选择合适的时间、空间接受在线辅导，以突破用户知识获取方面的时空局限。现阶段，公共图书馆可以突破服务对象和服务时空的限制，通过线上服务平台为用户提供自主检索服务。另外，面向社会大众用户，公共图书馆需要通过线上平台（微信、微博等）开展推广宣传和定期培训，确保感兴趣的用户能够及时深入地了解图书馆智能在线服务系统，实现信息服务增值。

（五）健全人才引进、培训评估结合的长效机制

1. 建立人才引进机制，为智慧服务注入动能

图书馆智慧服务的开展需要馆员具有大数据、云计算、物联网、区块链等新兴信息技术的应用能力；具有信息搜集、数据挖掘、思维分析的能力；具有新媒体平台应用能力；具有活动宣传推广营销能力；具有熟练的智能设备操作

第八章　大数据环境下公共图书馆智慧服务体系的建设

能力；具有智慧项目自主研发能力。一些图书馆馆员现有的知识储备不足，其具备的专业技能即使通过专项培训也无法达到专业的技术水准，无法胜任技术性强、专业性强的智慧馆员岗位。鉴于这种现状，公共图书馆应建立专业人才引进机制，根据图书馆业务需求向人事部门申请引入专业人才。引入专业人才应制定详细的引进政策，打破常规招聘制度的限制，综合考虑所需人才的层次、结构等。同时，应对不同领域、不同层次的人才实行差异化、个性化的用人、留人政策。图书馆应通过柔性、灵活的个性化用人模式，让人才的价值得到充分体现。

2. 建立O2O培训机制，为智慧服务赋能增效

公共图书馆在引进人才的同时，还应注重现有馆员潜能的挖掘工作。图书馆现有馆员一般具有熟悉馆藏资源、了解业务流程、拥有实践经验，是开展智慧服务需要依靠的重要人力资源。图书馆应建立馆员长效培训机制，从现实需要和长远发展的角度出发，加强馆员业务培训，提升馆员的综合素养。图书馆应根据业务需要建立线上线下相结合的O2O培训机制，首先要了解馆员培训需求，做好培训调研工作；其次要有针对性地制订培训方案、有目的地设计培训课程、有选择性地邀请培训专家，借鉴他馆的培训经验，同时还要注重人职匹配、重点突出、内外兼修；最后要善于运用在线教育培训方式，利用在线课堂、远程教学等载体和平台，采用差别化、个性化和共享性相结合的形式，让馆员变被动学习为主动学习、互动学习，从而最大限度地提高智慧培训的质效。

3. 建立评估激励机制，为智慧服务提供保障

资源、技术、馆员、用户是图书馆智慧服务的基本要素，其中，馆员作为服务实施者是核心要素。公共图书馆智慧服务的开展需要有高质量的智慧馆员队伍，因此智慧馆员队伍的稳定性至关重要。为确保智慧馆员队伍的稳定性，为智慧服务提供可续航动力，公共图书馆应建立智慧馆员评估激励机制。

首先，图书馆应确定智慧馆员评估指标，将智慧服务相关内容、参加培训内容及学时等纳入馆员评估体系，以季度为基础评估考核期，以年度为综合评估考核期，根据评估指标对智慧馆员的交流能力、服务能力、胜任能力进行测评。其次，应建立激励机制，将智慧馆员的评估考核成绩与馆员岗位选择、学习交流、绩效奖励、职级晋升等个人成长机遇挂钩。健全完善的评估激励机制有助于馆员及时发现自身的不足，增强馆员的危机意识，使其努力进行有针对性的强化培养，从而为图书馆智慧服务提供丰富的人才储备。

（六）开展公共图书馆读者智慧服务

1. 树立并推行立体化的智慧服务思维

广大人民群众是当前公共图书馆的服务对象，涵盖所有年龄阶段、各个职业、不同受教育程度的人员，换言之，公共图书馆的服务对象之间具有显著性差异，所以在阅读需求方面有着较大的跨度。基于此，公共图书馆应当树立并推行立体化的智慧服务思维，切实结合读者表现出来的需求趋势，对公共图书馆读者智慧服务的形式展开进一步的丰富。就当前的情况来看，公共图书馆读者的需求普遍集中在科普需求与学习需求这两方面，而为了更好地满足读者的这些需求，公共图书馆应当积极投放智能终端，对其移动网络技术优势与服务优势进行充分利用，实现为读者提供碎片化与即时化的知识服务。

在新时期背景下，公共图书馆应当主动转变传统的读者服务理念，并在馆内引入线上信息查阅、文献资料下载等服务；应当投放智能机器人，为读者提供智能化的参考咨询服务等；应当深入融合 AR 技术、VR 技术等，充分发挥这些先进技术的优势，以此为读者搭建起形象化、立体化特征更为明显的资源展示平台，设置虚拟书架，并为读者提供图书定位等多样性的智慧服务。

2. 强化对智慧服务主体的能力培养

在新时期背景下，图书馆应当持续强化对智慧服务主体的能力培养，定期展开以"读者智慧服务"为主题的培训教育活动。在此过程中，图书馆应结合实例为参训馆员讲解"智慧服务背景下图书馆面临的挑战""什么是'创新'及'服务创新能力'"；着重阐述对公共图书馆服务创新能力产生影响的主要因素；讲解当前智慧图书馆的发展动力、构建体系、服务模式、面临困境及任务，"1+N 思想""平台思想"等智慧图书馆数字化服务；强调智慧馆员在图书馆智慧服务提供中占据着主体性地位，面临着新角色定位和新的要求；分享其他公共图书馆在智慧化服务方面的优秀案例和取得的成果。依托这些教育培训活动的展开，促使公共图书馆内馆员的综合服务素养以及智慧化服务意识的提升，以此保证公共图书馆智慧服务的展开质量，促进公共图书馆的服务升级。

3. 推进智慧要素的融合与应用

公共图书馆在推进读者智慧服务的过程中，应当主动将智慧科技融入公共图书馆场馆建设与服务的方方面面。基于此，图书馆应当积极引入多种先进科学技术，搭建起更符合馆内现实服务需求的大数据指挥平台，即"智慧中枢"，提高公共图书馆服务的智慧化程度；纳入生物识别技术、5G 通信技术等，打造基于读者服务的智能机器人，并在公共图书馆内投入使用，以此为用户提供

第八章 大数据环境下公共图书馆智慧服务体系的建设

智慧化的咨询服务、书籍定位服务、书籍借阅服务等；开发并投入使用智能化的书籍分拣与归还管理系统，依托智能调度系统的控制，由智能机器人自动完成书籍的分拣、搬运与摆放原位工作，以此推动读者智慧服务的进一步优化升级。

同时，在促进公共图书馆管理与服务的智慧化建设、智能化发展实践中，应当着重挖掘在此过程中存在的短板问题，并以此为基础持续推进技术优化。在此过程中，需要落实以下几项要点：第一，开发书籍盘点机器人，并在公共图书馆内投放，进一步降低在公共图书馆管理与服务方面的人力投入，保证基础性工作均可以使用智能化手段自动完成。第二，以 VR 技术、AR 技术为基础并结合馆内的馆藏资源，搭建起 AR 图书馆场景，在提升公共图书馆社会价值作用的同时，为区域文旅融合的实现提供支持。

4. 加大在智慧馆藏资源建设方面的投入力度

（1）丰富数字化馆藏与实体馆藏

当前，信息资源的载体不再局限于实体，数字资源逐步兴起，且由于其方便存储、内容丰富、便于阅读，因此得到了广泛应用，读者的青睐度也大幅提升。基于这种变化，公共图书馆应当持续扩充馆内的数字化馆藏，为读者提供更好的智慧服务。需要注意的是，公共图书馆在丰富数字化馆藏的同时，也要进一步对馆内的实体馆藏展开扩充，不能忽视实体馆藏。现阶段，虽然读者对数字信息资源的利用率大幅提升，但是实体的纸质资源依然在公共图书馆提供的读者服务中占据着基础性地位。实践中，图书馆应当尽可能进行实体资源的扩充，并对相应资源进行数字化转化、保存，同时上架虚拟图书、虚拟书架，方便不同需求的读者获取信息服务。

（2）丰富数据馆藏

大数据背景下，数据已然发展成为重要资源，公共图书馆在提供读者智慧服务的过程中，应当充分发挥出数据的支持性与参考性作用。实践中，公共图书馆要重视对读者身份、行为、需求、偏好等信息数据的获取，特别是图书借阅历史数据、检索与下载历史数据、咨询信息数据、资源评价数据等，综合分析读者偏好并预测服务需求，保证可以及时、主动地为读者提供智慧服务，以此促进公共图书馆读者服务的升级。

5. 关注对读者体验的提升

（1）提升个性化服务水平

对公共图书馆的读者进行需求分析与归类，结合人工智能技术的应用，实现针对不同读者提供个性化、差异化的服务。重视提升馆员的综合素养，从而为读者提供更为良好的知识服务。实践中，引导公共图书馆的馆员使用大数据等先进科学技术，对读者的潜在服务需求进行挖掘，并以此为参考主动为读者提供个性化服务；结合智慧服务手段的应用，为读者提供其意识到以及尚未意识到的服务，实现对读者需求的更好满足，以此促使公共图书馆读者服务的智慧化成为现实。

（2）搭建并应用畅通的沟通与服务平台

公共图书馆的服务对象为广大人民群众，由于读者在年龄、职业、受教育程度等多方面存在着差异，其在利用图书馆服务时会产生多种问题，同时，由于在智慧服务模式下，提供人工服务的馆员数量降低，因此读者与馆员之间的沟通存在一定难度，馆员也难以及时发现、解决读者在获取服务时面对的问题，最终导致读者的个人体验下降。

基于这样的情况，公共图书馆应当在推出读者智慧服务的同时搭建并应用畅通的沟通与服务平台，确保读者与馆员之间可以及时进行无障碍沟通，并结合反馈机制的推行，引导读者积极参与到公共图书馆的完善建设与服务优化中，及时回应读者的建议与需求，促进读者智慧服务的升级。

（七）提高公共图书馆少儿服务水平

1. 优化图书馆的少儿服务设计

公共图书馆不恰当、不合理的少儿服务设计极大地制约了少儿服务的功能，因此必须进一步优化图书馆的少儿服务设计，尽可能满足少儿的阅读需求和服务需要。一方面，政府应当加大财政预算投入，大力建设地方的公共图书馆少儿馆，拓宽少儿的阅读空间，更新少儿馆的硬件设施建设，全方位满足少儿的阅读需求；另一方面，从设计的角度来讲，公共图书馆少儿馆应当把少儿的阅读需求始终放在设计工作的第一位，突出少儿服务的特色，在采购书架和陈列图书时考虑到少儿的身体发育特点和阅读兴趣，在进行馆内装修设计时要突出少年儿童的童真童趣和阳光自信，使少儿获得最愉悦、最美好的阅读体验。

2. 强化图书馆工作人员的素质培训

图书馆工作人员是提供少儿服务的主体，他们的服务理念、工作态度和职业素养都直接影响着少儿服务的水平和质量。因此，建设一支素质一流、服务专业、态度良好的图书馆工作团队是提高公共图书馆少儿服务水平的有力保障。①图书馆提供少儿服务的工作人员应树立以人为本、读者至上的服务理念，必须把少儿的需求始终放在工作的第一位，关注少儿的阅读需求，为少儿

第八章 大数据环境下公共图书馆智慧服务体系的建设

提供最贴心的服务。②在平时的工作中,图书馆要做好对工作人员的培训与考核等相关工作,定期开展培训、座谈会以及其他实践活动,重点培训工作人员的业务技能并定期进行考核。对于考核不达标或者被读者投诉的工作人员必须进行重新培训与教育,确保其能够提供最专业的少儿服务。③对图书馆提供少儿服务的工作人员来说,在平时的工作和生活中也必须有意识地提升自己的思想道德素养和文化底蕴,这样才能够更好地解答少儿的问题,为少儿在阅读过程中提供最有效的帮助和引导。

3.开展多样化的阅读推广活动

对图书馆的少儿服务工作者来说,少儿服务工作绝不仅仅是借借还还的重复性活动,还应当包含很多丰富多彩的与阅读有关的活动。例如,图书馆可以与一些学校进行长期合作,定期组织小读者参观图书馆活动,由专业的少儿服务工作人员进行接待,引导孩子们认识图书馆的整体布局与设计、不同职能部门、借阅程序和各项规章制度,使孩子们能够对图书馆有一个整体的认识和初步的印象,为孩子们爱上图书馆、爱上书籍、爱上阅读打下良好的基础。又如,图书馆可以在周末等闲暇时间举办一些有趣的阅读推广活动和读书交流活动,鼓励孩子们分享和交流自己喜爱的图书,增加孩子们的阅读乐趣。

4.加强图书馆的少儿阅读资源建设

对图书馆来说,少儿阅读资源建设是提高少儿服务水平的重要基础。在现阶段,图书馆要加大馆藏资源的资金投入力度,全面提高少儿阅读资源的数量和质量。同时,图书馆应充分发挥网络在资源建设当中的作用,本着共建共享的原则,与其他图书馆之间加强资源合作与共享,最大限度地提高少儿阅读资源的利用率。

(八)推行"借阅一体化"服务

1."借阅一体化"服务模式的优势及意义

第一,"借阅一体化"的服务模式,体现了服务思想上的创新。这种服务模式以读者需求为目标,读者可以在图书馆的开放时间内携带自己的书籍、电脑等学习用品进入馆内。图书馆的进出口都备有严密的安全监控系统和电子防盗系统,读者在图书馆大厅处安检入馆后,就可带着自己的学习用品在图书馆的任何一个借阅区域进行自由阅览。图书馆还可以提供计算机OPAC检索系统、导读系统等指引读者进行检索和查询等,能够营造"人书为伴、人书相随"的良好阅读氛围。

第二,大大提升了馆藏文献的利用率,为广大读者提供了便利。实行"借阅一体化"服务模式，可以让各类文献按学科分类、按区域划分，形成了一个"大流通、大开放"的书籍超市。读者借书的流程也变得简单易操作，每个借阅区域的内外都放有检索用的计算机和RFID智能借还书机器，读者可以先通过计算机OPAC检索系统查询到图书所在区域，然后根据定位信息找到图书，最后用RFID智能借还书机器进行借书操作，该机器将对读者借书证（包括身份证、社保卡、认证后的人脸识别、本馆注册的电子二维码等）和图书的磁条进行扫描处理。读者还可通过图书馆的官网、微信公众号、微信小程序等实现借阅记录的查询、图书的续借和预约。这种服务模式不仅提升了馆藏文献的利用率，还为广大读者提供了极大的便利。

第三，节约购书经费，提高工作效率。"借阅一体化"服务模式实行的是开放管理服务，以前每个图书借阅区域都会安排2～3名工作人员提供窗口咨询服务，现在每个图书借阅区域的工作人员不仅负责接受读者咨询，还得轮流去巡架，这样工作人员不只简单停留在窗口提供咨询服务，还可以在巡架过程中进行答疑，人力资源得到了合理的配置，工作人员的工作效率也得到了提高。当读者查阅部分资料时，不需将图书借走，可通过拍照或复印的形式获取需要的资料。同时，图书馆可以定期对一些借阅率不高的图书进行整理，在采购的过程中适当地减少副本量，这样既简化了读者的借阅手续，又节约了图书馆的购书经费。

2. 推行"借阅一体化"服务的策略

第一，建立岗位考核责任制，培养工作人员认真负责的精神。首先，图书馆工作人员要了解自己的岗位职责，熟悉业务知识，发挥自己的专业特长，这样才能更好地为读者提供导读服务。同时，工作人员要全面提高自身的综合素质和参考咨询能力，这样才能为不同类型的读者解答疑惑。其次，工作人员要加强与读者之间的沟通，主动宣传和解释图书馆借阅规则，让读者在图书馆中获得更好的服务体验，并及时劝阻大声喧哗、占座等不文明行为。最后，工作人员要有不断开拓和创新的意识。工作人员可以通过与读者的沟通，及时了解读者的阅读需求，认真听取读者的建议，掌握图书馆在管理中的某些薄弱环节，从而积极创新服务理念，提高服务水平。

第二，科学管理书库，营造良好的借阅环境。读者来馆看书都渴望在第一时间找到自己想看的图书，因此科学管理书库才能更有效地为读者提供服务。公共图书馆"借阅一体化"服务模式实行的是全开架服务，随着图书被高频率地抽取和翻阅，难免会出现书籍掉页、破损等现象，工作人员应及时做好修补图书、增补磁条和索取号等工作，这样才能为读者借阅读书提供便利。工作人

第八章 大数据环境下公共图书馆智慧服务体系的建设

员还要加强书库巡视，随时排架、整架、顺架，确保图书整齐有序。同时，工作人员要合理优化馆藏布局，严格按照中图分类法合理排架，定期用盘点机器对上架图书进行扫描和定位，确保每本图书都在对应的架位。工作人员还要积极引导读者使用计算机OPAC检索系统，这样可以减少读者取书的随意性和盲目性，提高查找的准确性和针对性。

第三，引导读者行为，使其养成良好的借阅习惯。图书馆应结合馆里的实际情况，不定时在LED显示屏上向读者播放书库的布局情况和借阅图书流程的操作讲解，引导读者主动了解和熟悉楼层分布、文献分布、排架方式以及计算机OPAC检索系统的使用方法，注意培养读者珍惜和爱护图书的意识，使其养成文明守纪的好习惯，提高他们的自我管理能力，力争从根本上促进"借阅一体化"服务模式下管理水平的提高。

第四，加强图书馆信息化建设，实行信息设备专人负责制。在"借阅一体化"服务模式中，图书馆会利用越来越多的信息技术。因此，加强图书馆信息化建设就相当有必要，比如建立数字资源交流共享平台、相关数字资源数据库，增加数字资源的储备等，还可加大人工智能机器人的应用，因为机器人不仅能与读者聊天，也可为读者提供文献检索、借阅提醒和科学导航服务。同时，图书馆应对信息设备实行专人负责制，定期对借阅室的检索设备、借还书机器、监控设备、电脑、显示大屏等进行统计、检修，尽量避免相关设备在开放期间发生故障，以保证正常的借阅秩序。

（九）推进物理空间、虚拟空间的建设工作

1.跨界合作融合发展，拓展物理服务空间

自2015年《国务院关于积极推进"互联网+"行动的指导意见》印发后，关于图书馆跨界合作的研究与实践日益增多。公共图书馆与书店、地铁、咖啡馆、银行等其他城市公共空间进行跨界合作，借助实体书店提供的丰富资源、咖啡馆提供的优雅人文环境、地铁提供的移动空间以及银行提供的公共服务空间，将公共图书馆的智慧服务融入市民的衣食住行，让空间距离不再成为人们获取文化知识的障碍，在改变图书馆仅依靠单一线下实体馆舍开展服务的传统模式的同时，使公共图书馆的物理服务空间通过"图书馆+N"的形式得到拓展。

例如，国家图书馆与京港地铁共同创意发起的"M地铁·图书馆"、青番茄公司的"IN LIBRARY"咖啡图书馆、辽宁省图书馆与中国工商银行辽宁省分行河畔新城支行创办的"图书馆+银行"合作模式等，都是图书馆与不同领

域、时空、行业等之间的相互融合发展，是拓展图书馆物理服务空间、共同服务社会大众的成功案例。

2. 依托新媒体平台，打造云端服务平台

随着移动互联网、云计算、物联网、大数据等技术的成熟发展和广泛应用，传统图书馆的物理空间已经不能满足用户多样化的知识需求。公共图书馆应从用户需求出发，依托微信、微博、抖音、快手、小红书等新媒体，整合公共图书馆数字资源，加强虚拟空间建设工作，为用户打造云端服务平台。

2020年，在新冠肺炎疫情防控期间，图书馆实体物理服务空间被迫关闭，但各图书馆纷纷通过微信、抖音等新媒体平台实现虚拟空间服务功能，保障广大人民群众公共文化服务供给。例如，上海图书馆在新冠肺炎疫情防控期间，微信平台推文阅读量屡次过10万，微博最高阅读量超90万，抖音点击量在4月更是在24小时内达1030多万。试想一下，1030多万的点击量，如果是在实体物理空间达到这一服务量，其运转需要的时间、人力及资源成本较高，但在线上云端平台，其服务成本较低，可见依托新媒体平台打造云端服务平台是将来公共图书馆开展智慧服务的发展趋势。

3. 搭载5G网络和VR技术，构建虚拟服务平台

5G技术对创新公共图书馆服务业态、拓宽社会力量参与渠道、提升图书馆服务效能具有重要的推动作用。5G网络环境可以打破时空限制，让用户通过VR系统进入虚拟仿真世界。VR技术以计算机虚拟仿真的模式对现实世界中难以实现的情境进行三维仿真模拟，实现人体视觉和心理在虚拟和真实的世界间进行转换。图书馆可以组建VR资源库，重建图书馆资源体系，采用虚拟现实建模语言构建三维虚拟场景，使资源栩栩如生地再现，实现文字、图像资源的三维转化和"人""物"交互。这种跨终端、多场景、实效性、高效性的VR多场景融合服务，为用户提供了全方位、立体式、体验式、沉浸式的虚拟服务空间。

（十）加强图书馆人文智慧的建设

1. 提高图书馆智慧服务的理念性

图书馆的智慧服务体系综合性非常强，强调人文传统是图书馆学理论的一个基本点。在图书馆管理过程中，要从人文层面对图书馆的智慧进行全方位的彰显，而这里的彰显强调价值理念与职业主体。在信息时代，更新图书馆智慧服务体系，就是要在做好图书馆服务工作的同时，提高主动性，改变自我封闭的传统理念，真正做到为人找书、为书找人。现代图书馆工作人员要提高自己

第八章　大数据环境下公共图书馆智慧服务体系的建设

的知识储备以及能力素质，在海量资源调用过程当中，弘扬职业精神，彰显人文价值，才能够最大限度地发挥智慧服务体系的作用。

在"互联网+"、大数据时代下，图书馆的知识丰盈程度日趋提升，而图书馆学的发展却处于一个相对停滞的状态，图书馆越盖越高，设施越来越先进，智能管理水平越来越高，但是工作人员对书籍、资料的应用能力和把握能力却没有明显进步。在未来，图书馆要始终站在读者的角度进行深入的人文素养的挖掘，将图书馆的这种智慧魅力播撒出去。图书馆应营造一种更加平等、开放、自由、和谐的氛围，尊重读者，关注读者，关心读者。

2.提高图书馆智慧服务的价值导向性

图书馆的智慧服务与人文关照始终是密不可分的，人文主义倾向在图书馆学发展当中有着不可替代的价值，图书馆学始终是一项研究人的学问，它最终的目的也要通过人的价值提升来体现。只有尊重人的价值，追求人的发展，体现对人的关怀，才能够彰显新时代背景下图书馆智慧体系建设的成果。这就要求所有的图书馆工作人员从价值导向入手，不能空谈智慧，而是要以人为本，以及依托图书馆工作人员的向心力、想象力，彰显人在行动过程当中的力量。应用信息技术虽然是图书馆工作人员的一种手段，但是归根结底也只是一种手段，而并非一种目的，在追求智慧与服务的过程当中，不能过分夸大技术的威力，而是要强调技术的应用。不能将手段和目的混为一谈，而是要通过手段更好地实现目的。图书馆工作人员要树立正确的价值意识，通过现代化的科学技术手段，宣传科学文化，彰显社会责任，弥补空虚的价值理念部分。应用现代化的电子计算机和网络技术来提高图书馆人文服务的作用，才符合图书馆的未来发展方向。

3.提高图书馆智慧服务的人文载体性

图书馆工作人员的人文智慧是由工作人员的知识延伸而成的一种服务能力和一种精神信仰价值追求，是一种主动、积极进取的心态。因此，在现代图书馆建设与发展过程中，要始终以工作人员为载体，强调以人为本、智能惠民、环境友好，而并非本末倒置。在提升图书馆智能环境建设的同时，还要强调图书馆工作人员的服务水平、信息存储水平、知识挖掘水平，并且通过多样化的规章制度约束工作人员的行为，避免出现职能缺位或人文道德发展不良的问题，工作人员拥有智慧才能够彰显图书馆的智慧服务。图书馆可以设置数字人文中心管理员岗位，通过岗位的调整，提高工作人员的人文科学导向性；通过举办研讨会、培训班等方式，向工作人员介绍大数据技术、信息化技术，并应用岗位限定的方法，在提高他们信息素养的同时，提高他们的价值导向性。

与专业的教职机构以及数字人文项目开发的岗位相比,图书馆的数字人文中心管理员还要遵循以人为本的章程和规定,体现图书馆数字管理人员的人文精神传统。

4. 强调图书馆智慧服务的价值理念与职业精神

图书馆要强化工作人员的职业技能,使其恪守学术风范。图书馆学目前包含的情报专业、技术专业都要与智慧服务相匹配。例如,某图书馆根据自身的人文特色基础建设了人文数据库,这个数据库对信息服务内容和模式进行了大量改进,依据北京大学数据中心研发的文化分析系统,对自身的专业进行了全方面改革,抓取数据员在本体的深层次关联基础之上,分析图书馆情报专业开发的具体技术以及应用。通过上述技术的转换,该图书馆实现了数字开发,进行了跨学科的重塑,培养了大量的数字技能型人才,这些人才可以兼顾对读者的服务,并且具有主动的工作意识,利用现代智慧图书馆建设的实际成果,提高了对读者的服务与管理水平。在未来发展当中,还要强化图书馆的伦理道德教育,提升图书馆工作人员的人文素养,在现代化视野下,强调主体的德性构建。

(十一)推进图书馆与众创空间的融合

1. 众创空间建设的意义

(1)丰富的文献资源

对图书馆来说,无论什么时候资源都是第一重要的因素。智慧图书馆的资源是多元、丰富的,海量信息资源无疑是智慧图书馆服务创新创业发展的基础。智慧图书馆不仅实现了资源的高度集中,还实现了"一站式"的服务理念。随着智慧图书馆的不断发展,也为了满足不同群体对文献信息的多样性需求,传统的以纸质馆藏为主的图书馆正在向纸质馆藏与数字资源并重的复合型图书馆转型发展,信息的搜索、查询也愈加便利。以智慧图书馆的馆藏文献、数字资源为依托建立众创空间,可以激发创客智慧,为他们进行创新、发明提供必需的数据、论文等坚实的理论基础,从而激发创客萌生更具竞争力的想法和创意并付诸实践,让创新更容易。

(2)先进的技术和媒体

在物联网、云计算、大数据以及人工智能等技术的推进下,图书馆发生了翻天覆地的变化。智慧图书馆的技术是互联、便捷和智能化的,它充分将二维码、信息定位等移动技术与图书馆服务相结合,下载手机 App 即可实现所需图书的定位、借阅和文献信息的检索、查询等,在创客进行资源搜索的过程中大

第八章 大数据环境下公共图书馆智慧服务体系的建设

大节约了时间和人力。智慧图书馆善于运用微博、微信等新媒体，通过开设微信公众号等方式，从文献、服务、活动等多方面、多角度满足不同读者多样化的需求，注重阅读体验，丰富阅读内涵。图书馆众创空间的创客可以充分利用智慧图书馆的新媒体资源，对创新创业活动进行交流宣传，利用多媒体屏幕展示创新项目成果，营造创新氛围，提高知名度。

（3）更加人性化的服务理念

智慧图书馆打破了传统图书馆对时间和地点的诸多限制，很多查阅、检索活动都可以在线上进行。与传统图书馆相比，智慧图书馆的最大优势就是以服务对象为导向，它提供的服务是智慧服务，是更人性化的服务。众创空间能够充分发挥图书馆的知识服务，通过线上线下协同合作，使图书馆由被动服务转变为主动服务，提供真正的量身定制服务；借助资源优势，做好调查论证，针对不同创客群体，提供更具针对性的创新创业新资讯，提供专利认证、法务咨询、技术转移、成果转化和设施共享等智力支持，使创客足不出户就能解决创新过程中的各种问题；主动牵线搭桥，寻找志同道合的伙伴和合作项目。这种有针对性的智慧服务，大大降低了创新成本，激发了创客的创新热情。

（4）节约资金

社会上独立运营的众创空间，大部分由企业资本出资支持，或多或少都会遇到资金瓶颈问题，从某种程度上制约了创意的落地。图书馆众创空间则节约了场地租赁、文献资源服务等费用，可以将节约的资金用于设备升级和创意实践等，使资金得到最优利用。

2. 智慧图书馆融合众创空间的途径

（1）搭建物理空间

首先，要对图书馆的整体功能和布局进行综合评估，对闲置空间进行合理利用。对一个成功的众创空间而言，舒适、开放且设施完备的物理空间必不可少，这是广大创业者进行头脑风暴和知识交流的温床。其次，成立众创空间筹建组，利用各种媒体资源加强宣传，吸引社会关注。图书馆可以面向全社会招募志愿者，通过成立创客兴趣小组等方式，招募更多创客加入。通过投递简历、召开座谈交流会等方式，筛选优秀创客和项目。最后，做好工作室筹建及设施配置工作。立足图书馆空间规划，根据创客活动主题和涉及领域，设置专用工作室、展厅、报告厅、路演厅、多媒体厅、休闲娱乐区等，为创业活动有效开展打造尽量齐全、完备的物理空间。

（2）搭建线上平台

众所周知，众创空间是一个创意的聚集地，而灵感的产生是没有时间、空间限制的。图书馆应为创客提供一个线上交流平台，打造图书馆"数字众创空间"。线上平台按照不同产业专题，如新能源、新材料、机械设备和生态环境等设置数字专栏，下设产业文献查询、产业动态、前沿技术、行业资讯和专利标准等模块，方便创客在灵感闪现时进行查询检索，辅助创新。线上平台还可涵盖创业知识中心、论坛、最新项目展示及知识问答等模块，创客可以在此随时随地碰撞灵感，互动交流，展示成果。线上平台还可设置线上教学模块，包括创业入门知识、团队组建、产品开发及创业融资等课程，多角度为创客答疑解惑，指导创新顺利开展。

（3）组建专属团队

为了使图书馆众创空间更好地运营，合理的组织架构必不可少，配备一个适合众创空间发展的专业的运营团队显得至关重要。图书馆应组建专门的创客管理团队，主体人员除了图书馆的管理人员以外，还可以面向社会招募来自各行各业对创新创业感兴趣的志愿者。图书馆管理人员可以负责众创空间的整体统筹规划工作，日常管理和运行则由创客管理团队承担。图书馆管理人员、创客志愿者和众创空间合作机构各司其职，全方位做好图书馆众创空间的服务工作。

（十二）推进图书馆智能教育空间的打造

1. 智能教育空间概述

公共图书馆一旦决定打造智能教育空间，在规划工作中就得考虑这种创意空间的功能、布局和服务三大要素的系统关联。一般来说，功能是人们所追求的职能特征，是决定空间布局最重要的因素；布局是实现功能的结构形态，不同的布局也会影响功能实现的效度；功能和布局决定了服务的深度和广度，同时也因服务空间的变异而产生调整。考虑到公共图书馆智能教育空间的打造往往是图书馆新建或改建中的一项任务或子课题，因此其功能、布局和服务都要有整体观念，要局部服从全局。当然，图书馆智能教育空间也可以作为一种"智能教育图书馆"来展示自己服务全民智能教育的个性化特色。

显而易见，这里所论述的图书馆智能教育空间，理所当然地要将其功能定位在"服务全民智能教育"这个出发点和归宿点上，以有效助力国家全民智能教育为基本价值取向，通过持续不断的发展使之成为服务当地公众的智能教育中心与智能信息传播和交流中心。图书馆智能教育空间应通过有目的、有计划的系列服务活动实现以下智能教育目标：第一，知识目标。让公众了解人工智能的基本知识，包括人工智能的基本概念、研究内容、身边的人工智能、人

第八章　大数据环境下公共图书馆智慧服务体系的建设

工智能的行业应用以及人工智能对社会生活的影响等。第二，技能目标。让公众初步掌握日常生活中的人工智能产品（如智能家居）的使用与维护技能。对于职业岗位上的公众，则辅助他们了解人工智能设备或工具（如生产服务作业中的智能机器人、3D打印机等）的使用与维护技能。此外，对人工智能创新应用或科学探究有志趣的读者也能在智能教育空间中获得感官、交互和收益体验。第三，情感目标。让公众了解人工智能时代人机共生所带来的伦理道德和法律问题，陶冶适应人工智能应用环境下的自我情操，丰富情感体验。

2.图书馆智能教育空间基本形态

图书馆智能教育空间功能的实现必须依托相应的物理空间、虚拟空间与信息空间等功能载体的支持。就空间整体布局来说，可以考虑将智能认知、智能体验和智能探究等单元空间进行系统集成。

智能认知空间是对读者进行人工智能知识普及的场所。该空间通过陈列的声光电一体化的人工智能展柜等智能产品设备和现代信息技术讲解人工智能基本知识，人们也可通过二维码或电子书等了解更多人工智能问题与信息资料。

智能体验空间重在对人工智能感官体验的实现。读者可自主选择如趣味编程、3D打印等体验项目，在多元空间里动眼、动手和动脑，既可破除人工智能的神秘感，又能在享用人工智能的创新成果中收获心理愉悦和情感体验。

智能探究空间的特点在"探究"，即在设置某种真实或虚拟情境的条件下，助力读者通过想象、联想和灵感思维生成人工智能运用的新课题，进而提出科技创意，构思问题解决方案，为获得智能产品设计成果和申请发明专利奠定基础，实现对科学探究的收益体验。

值得指出的是，对于图书馆智能教育空间这种新创意，并无固定形态，图书馆应因地制宜、因馆制宜地进行创造性思考以设计出具有不同形态的智能认知空间、智能体验空间和智能探究空间，并进行合理布局，充分发挥公共图书馆的地域、资源和业务优势，尽可能地将公共图书馆建设成为具有智能教育特色的知识中心、学习中心、交流中心和探究中心。唯有这种凸显智能、增强体验、注重互动、激发创意的图书馆新功能空间，才能在人工智能新时代成为公众追求的新精神文化家园。

3.图书馆智能教育空间的打造策略

图书馆在打造智能教育空间的物质基础上，最关注的是如何服务和怎样提高服务水平的问题。为了真正履行助力国家全民智能教育的职责，图书馆智能教育空间的打造必须与以下实施策略同步并行。

其一，人才培养与团队组建。图书馆智能教育空间的有效运作关键在人的因素。调查研究表明，公共图书馆目前不少工作人员所受的专业教育不足以很好地开展人工智能信息服务工作，尤其在为关注人工智能探究与创新的读者提供咨询服务时倍感压力。为改变现状，有效履行人工智能教育职责，系统而有针对性地对工作人员开展在职培训很有必要。在工作人员培养的基础上，如果能够组建高水平的智能教育服务团队则更为理想。一般来说，适应图书馆智能教育空间服务的团队，应由技术人员、咨询专家、阅读推广人和志愿者等组成。技术人员的职责在于做好人工智能新型设备的运营维护，引导读者对人工智能的认知、体验和探究活动；咨询专家是图书馆新功能空间的中流砥柱，可以发挥出"真人图书馆"的特别功效；阅读推广人和志愿者可以在引领读者走向各种认知、体验和探究方面发挥积极的辅助作用。

其二，服务计划与工作指南制订。图书馆智能教育空间的服务业务，必须在相应的服务计划指引下有序进行。服务计划一般包括服务项目、服务对象、服务类型、服务方式、服务时间、服务人员以及服务预算等。先制订服务计划再组织实施，才能有条不紊地开展服务活动。图书馆智能教育空间的年度服务计划可以修订复制，并要准确把握时机不断完善创新。此外，为了科学、客观和有效地完成智能教育服务计划规定的业务项目，图书馆可以考虑组织专家编写相应的智能教育服务项目工作指南。

其三，新空间服务的对外宣传。图书馆打造智能教育空间以助力国家全民智能教育的实施，理论上讲是会得到本地区公众的认可和支持的，公共图书馆也可以在广泛的、可信赖的智能信息服务方面做出自己的贡献。但是，由于打造的图书馆新功能空间对公众来说尚属新事物，一开始可能遇到公众不理解、不参与或无所适从的情况。因此，在公共图书馆智能教育空间规划之初或开馆之前，就应该通过不同方式开展新创服务空间宗旨、空间服务内容和服务方式的宣传活动，让公众理解国家倡导的全民智能教育的意义和图书馆的服务方式。当然，这一宣传活动应该与政府部门组织的国家人工智能发展规划宣讲活动同步进行。

（十三）推进共享阅读空间的打造

1. 公共图书馆共享阅读空间打造的必要性

（1）丰富读者阅读形式

传统公共图书馆的阅读空间一般为借阅室，内部布局简单，功能单一，仅能够满足读者最基本的阅读需求，属于基本功能服务。随着国民综合素养的提升以及人们受教育程度的提高，传统的阅读空间与服务形式已经不能满足读者

第八章 大数据环境下公共图书馆智慧服务体系的建设

的基本阅读需求。共享阅读空间的打造恰好满足了新时期读者的基本需求，除了内部陈设布局简洁大方，图书馆还可以利用现代科学技术将读者与数据库、资源库、知识平台等通过互联设备关联起来，实现"隔空对话"与"人机对话"，变更以往单一的读者服务模式，有效提升信息服务效率。

（2）创新读者服务思维

传统图书馆读者服务思维一般是图书馆提升自身的服务效率，通过举办各种阅读活动提升读者的满意度，如阅读比赛、新书推荐等，但在当前知识服务背景下，这些活动缺乏吸引力。公共图书馆共享阅读空间为读者服务创新提供了新的思维与理念，旨在发挥读者的主观能动性，强调读者在阅读活动中的中心地位，最大限度地降低图书馆传统服务中读者信息服务局限、服务内容不当等负面影响。共享阅读空间基于丰富的知识资源、功能齐全的信息化设备以及素质较高的馆员队伍，能够有效提升公共图书馆的社会形象，提高图书馆在公众中的影响力。

（3）纵向拓展阅读深度

随着互联网技术的深度发展，信息技术更加全面地服务于读者活动。当前，社会节奏加快，读者碎片化阅读倾向越来越明显，而信息技术的发展恰好符合读者阅读方式的转变趋势，一些微阅读服务已经逐步实现并得到了读者的认可。但是，仅通过碎片化的微阅读服务还不能完全满足读者的个性化阅读需求，这与读者的深阅读目标之间尚存在较大的差距。通过合适的形式打造一个相对自由的知识获取空间，有利于读者更加深刻与系统地参与阅读活动，这种阅读服务组织形式有利于读者在获取更多知识的基础上进行深入思考，从根本上提升读者的阅读素养，帮助读者养成良好的阅读习惯。

2. 公共图书馆共享阅读空间的打造策略

（1）构建服务共享格局

图书馆的规划设计与现代读者的实际需求并不相符，在当前读者需求日益多元化的背景下，图书馆读者服务创新要秉持"以读者为中心"的服务理念，构建区别于传统服务形式的新格局。图书馆应围绕读者阅读空间的再造进行空间布局的规划与设计，在原有规划布局的基础上增加阅读空间的面积或提升空间的利用率，打造集阅读、交流、学习、休闲于一体的综合服务空间，提供线上线下无缝交流平台。不仅如此，出于功能全面性的考量，图书馆还可以打造文化沙龙空间、科普阅读空间等主题阅读空间，并为读者提供专题知识服务。

（2）深度应用智能技术

随着移动智能设备的普及和移动互联技术的迅速发展，越来越多的图书馆开展了线上读者服务，如创建图书馆微信公众号、开发手机 App 等。从客观角度分析，图书馆共享阅读平台是一个实体交流平台，但还应包含数字化信息服务。因此，图书馆应深度应用现代信息技术，将各种技术要素进行深度融合，打造一个灵活移动的知识服务空间。当前，物理网技术、大数据技术、云存储技术、5G 网络技术等能够为空间虚实要素互联、数字资源获取、数字资源存储、信息高速传送提供强大的技术支撑。在具体的阅读空间打造上，图书馆可以尝试开发手机 App，读者通过扫码下载对应的读者服务 App 就能高效完成借阅过程。同样，共享阅读空间的资源检索、信息传递、自助打印等服务也可以通过强大的技术和设备支撑实现，为读者提供优质的服务。

（3）打造个人共享阅读空间

个人共享阅读空间是公共图书馆共享阅读空间的重要组成部分，个人共享阅读空间的打造旨在将读者特有的资源通过网络上传等形式融合成为图书馆网络信息资源的一部分，供读者阅读、下载和打印。个人共享阅读空间的打造一方面基于读者积极参与图书馆共享阅读空间的建设；另一方面基于图书馆对读者贡献资源的深度整理与综合，并以合适的方式精准地推送至目标读者，形成一站式资源服务形式。这种服务形式能够有效推进图书馆的馆藏资源建设，同时激发读者的贡献热情，提升共享阅读空间对广大读者的吸引力与凝聚力。

参考文献

［1］ 李芬林，王小林，尹琼. 公共图书馆读者工作 [M]. 兰州：甘肃文化出版社，2013.

［2］ 阮光册，杨飞. 公共图书馆管理与服务 [M]. 上海：上海科学技术文献出版社，2015.

［3］ 张伟，刘锦山. 公共图书馆转型与内涵发展 [M]. 北京：国家图书馆出版社，2017.

［4］ 刘剑英，叶艳，姚晓鹭. 计算机技术与公共图书馆管理 [M]. 北京：九州出版社，2018.

［5］ 李勇，杨洪江，高捷，等. 新时代公共图书馆的新使命与新挑战 [M]. 石家庄：河北人民出版社，2018.

［6］ 宋松. 公共图书馆信息资源建设研究 [M]. 北京：现代出版社，2019.

［7］ 陈宗雁. 新媒体环境下公共图书馆阅读推广活动的研究 [M]. 北京：中国商务出版社，2019.

［8］ 方自金. 现代公共图书馆管理 [M]. 北京：国家图书馆出版社，2019.

［9］ 王鹏. 公共图书馆数字文化建设 [M]. 济南：济南出版社，2020.

［10］ 李一男. 现代公共图书馆资源建设与服务的多维透视 [M]. 长春：吉林大学出版社，2021.

［11］ 曹芬芳. 公共图书馆创客空间架构研究 [J]. 情报杂志，2015，34（6）：191-195.

［12］ 邱冠华. 公共图书馆提升服务效能的途径 [J]. 中国图书馆学报，2015，41（4）：14-24.

［13］ 卢章平，苏文成. 公共图书馆文化服务质量与满意度实证研究 [J]. 图书馆论坛，2015，35（9）：67-76.

［14］ 李海燕. 我国公共图书馆阅读推广研究综述 [J]. 图书馆杂志，2016，35（2）：103-110.

[15] 耿骞，毛妮娜，王凤暄，等. 公共图书馆馆员胜任力模型构建研究 [J]. 图书情报工作，2016，60（7）：25-33.

[16] 严贝妮，鞠昕蓉. 我国公共图书馆数字阅读推广模式与创新研究 [J]. 图书馆，2017（10）：62-65.

[17] 程焕文，刘佳亲. 新时代公共图书馆服务与建设创新的重点和难点 [J]. 图书情报知识，2020（1）：9-14.

[18] 柯平，包鑫. 公共图书馆在应对公共安全突发事件中的地位和作用 [J]. 图书馆论坛，2020，40（4）：109-112.

[19] 崔岩. 公共图书馆智能化空间服务效能分析与评价初探 [J]. 图书馆学刊，2021，43（11）：45-51.

[20] 汲莹. 公共图书馆服务体系建设的现状与对策研究 [J]. 文化产业，2021（34）：34-36.

[21] 余冬青. 移动互联网时代图书馆数字阅读推广探究 [J]. 文化产业，2021（34）：73-75.

[22] 伍玉伟，洪芳林，毛望平. 我国公共图书馆阅读推广空间建设实践进展研究 [J]. 图书馆工作与研究，2021（12）：32-40.

[23] 海雁. 公共图书馆总分馆制建设的研究分析 [J]. 河南图书馆学刊，2021，41（12）：34-35.

[24] 吴晓霞. 基于文化休闲服务的公共图书馆空间再造研究 [J]. 河南图书馆学刊，2021，41（12）：42-44.